Liebe Leserin, lieber Leser,

es freut mich, dass Sie sich für einen Titel aus der Reihe "Studien 2002" entschieden haben.

Diese Reihe wurde von mir zusammengestellt, um einem breiten Publikum den Bezug von herausragenden wissenschaftlichen Abschlussarbeiten zu ermöglichen. Bei den Abschlussarbeiten handelt sich um hochwertige Diplomarbeiten, Magisterarbeiten, Staatsexamensarbeiten oder Dissertationen mit einer sehr guten Bewertung.

Diese Studien beschäftigen sich mit spezifischen Fragestellungen oder mit aktuellen Themen und geben einen guten Überblick über den Stand der wissenschaftlichen Diskussion und Literatur. Wissenschaft und andere Interessierte können durch diese Reihe Einblick in bisher nur schwer zugängliche Studien nehmen.

Jede der Studien will Sie überzeugen. Damit dies immer wieder gelingt, sind wir auf Ihre Rückmeldung angewiesen. Bitte teilen Sie mir Ihre kritischen und freundlichen Anregungen, Ihre Wünsche und Ideen mit.

Ich freue mich auf den Dialog mit Ihnen.

Björn Bedey
Herausgeber

Diplomica GmbH
Hermannstal 119k
22119 Hamburg

www.diplom.de
agentur@diplom.de

Markus Tressl: Universelle Benutzbarkeit und Barrierefreiheit bei Webseiten der breiten Masse und der öffentlichen Hand - Grundlagen, Erklärungen und Lösungswege zur Erstellung von behindertengerechten, gesetzeskonformen Webangeboten /
Björn Bedey (Hrsg.), Hamburg, Diplomica GmbH 2002
Zugl.: Konstanz, Fachhochschule, Diplom, 2002

ISBN 3-8324-6655-X

© Diplomica GmbH, Hamburg 2002

Bibliografische Information der Deutschen Bibliothek
Die Deutsche Bibliothek verzeichnet diese Publikation in der Deutschen Nationalbibliografie; detaillierte bibliografische Daten sind im Internet über <http://dnb.ddb.de> abrufbar.

Dieses Werk ist urheberrechtlich geschützt. Die dadurch begründeten Rechte, insbesondere die der Übersetzung, des Nachdrucks, des Vortrags, der Entnahme von Abbildungen und Tabellen, der Funksendung, der Mikroverfilmung oder der Vervielfältigung auf anderen Wegen und der Speicherung in Datenverarbeitungsanlagen, bleiben, auch bei nur auszugsweiser Verwertung, vorbehalten. Eine Vervielfältigung dieses Werkes oder von Teilen dieses Werkes ist auch im Einzelfall nur in den Grenzen der gesetzlichen Bestimmungen des Urheberrechtsgesetzes der Bundesrepublik Deutschland in der jeweils geltenden Fassung zulässig. Sie ist grundsätzlich vergütungspflichtig. Zuwiderhandlungen unterliegen den Strafbestimmungen des Urheberrechtes.

Die Wiedergabe von Gebrauchsnamen, Handelsnamen, Warenbezeichnungen usw. in diesem Werk berechtigt auch ohne besondere Kennzeichnung nicht zu der Annahme, daß solche Namen im Sinne der Warenzeichen- und Markenschutz-Gesetzgebung als frei zu betrachten wären und daher von jedermann benutzt werden dürften.

Die Informationen in diesem Werk wurden mit Sorgfalt erarbeitet. Dennoch können Fehler nicht vollständig ausgeschlossen werden, und die Diplomica GmbH, die Autoren oder Übersetzer übernehmen keine juristische Verantwortung oder irgendeine Haftung für evtl. verbliebene fehlerhafte Angaben und deren Folgen.

Markus Tressl

Universelle Benutzbarkeit und Barrierefreiheit bei Webseiten der breiten Masse und der öffentlichenHand

Grundlagen, Erklärungen und Lösungswege zur Erstellung von behindertengerechten, gesetzeskonformen Webangeboten

Markus Tressl, geboren am 25. November 1976 in Stuttgart Bad-Canstatt. Nach dem Abitur am allgemein bildenden Lessing-Gymnasium in Winnenden zog es mich zum Studium der Wirtschafts-Informatik an die Fachhochschule in Konstanz. Neben halbjährlichen Praktika bei der IBM Deutschland GmbH in Ehningen und bei zadu Inc., San Mateo USA arbeitete ich über ein Jahr als Werkstudent bei der SAF Germany GmbH in Konstanz. Während meiner Praktika und Werkstudententätigkeiten war ich als Lotus Notes Datenbankentwickler, Web-Developer, System-Administrator und Intranet-Entwickler tätig.

Im April 2002 begann ich meine Diplomarbeit bei der namics ag in St. Gallen, Schweiz. Ich schloss die Arbeit und mein Studium als Diplom Informatiker (FH) im September 2002 ab und arbeite seitdem bei der namics ag in St. Gallen als Projektleiter und Consultant im Bereich Usability, Behindertentauglichkeit und WAI. Folge meiner Arbeit ist eine von der namics ag und der Stiftung für behindertengerechte Technologienutzung "Access for All" durchgeführte Vortragsreihe in Zürich, Hamburg, Frankfurt, Stuttgart und Bern mit dem Titel "Behindertengerechtes Internet".

Wirtschaft und Gesellschaft befinden sich in einem permanenten, beschleunigten Strukturwandel. Die Globalisierung von Produkten und Märkten und die Internationalisierung vieler Lebensbereiche gehen einher mit einer Ausweitung der weltweiten Kommunikation und der Erhöhung der Mobilität, welche durch die Entwicklung neuer Technologien ermöglicht und gefördert werden. Diese Wandlungsprozesse beziehen sich auf alle Lebensbereiche und haben einen immer größer werdenden Bedarf an Qualifikationen und Kompetenzen des Einzelnen zur Folge.

In einer zunehmend vernetzten Gesellschaft verändern sich Art und Weise sowie Geschwindigkeit, wie Informationen beschafft und zu Wissen verarbeitet werden. Das lässt sich am besten am Schlagwort von der Dynamik oder der „Halbwertszeit des Wissens"" und der Forderung nach „vernetztem Denken" ablesen.

Um glaubwürdig die Nutzung der neuen Kommunikationsmöglichkeiten gegenüber den Bürgern als Leistungsempfängern zu fördern, müssen Politik und Verwaltung mit gutem Beispiel voran gehen. Neben dem Vorbildcharakter kann der Staat damit auch erhebliche Vorteile erzielen. Was im e-commerce funktioniert, gilt auch im Rahmen der staatlichen Verwaltung: Effizientere Strukturen und Kosteneinsparungen durch den Einsatz moderner Informations- und Kommunikationstechnologien, mehr Service und Transparenz für die Bürgerinnen und Bürger.

E-Government muss durch mehr Transparenz verkrustete Strukturen aufbrechen, aktuelle Daten zur Analyse und zur Politikgestaltung bereitstellen und damit den Weg frei machen für grundlegende Reformen in den Bereichen Bildung, Arbeitsmarkt, Soziale Sicherung und Gesundheit.

Mehr Offenheit und Transparenz durch Informationen führen dazu, dass ein ineinander bis zur Unkenntlichkeit verschachteltes Finanzgefüge zwischen Bund, Ländern und Gemeinden endlich sichtbar gemacht wird und damit aufgelöst werden kann. Damit wird My Government in den individuellen Ausprägungen wie MyEducation, MyBusiness und MyHealth Bürgern und Unternehmen ein

Höchstmaß an Informationen, Produkten, Diensten und Mitwirkung bieten. Der Weg könnte sein: E-Government – Dynamic Government – Mobil-Government und letztlich Invisible Government in dem eDienste, zusammengesetzt aus public und privaten Elementen, wie unsichtbare Geister wirken.

Accessibility und Usability bzw. Barrierefreiheit und Benutzbarkeit spielen im Web in Zukunft eine wichtige Rolle. Man möchte sich von Konkurrenten durch bessere Benutzbarkeit unterscheiden und andererseits wird es für einen Webauftritt der öffentlichen Hand evtl. sogar gesetzlich vorgeschrieben, Barrierefreiheit nach bestehenden Standards zu erfüllen.

Diese herausragende Arbeit von Herrn Dipl-Inf. (FH) Markus Tressl zeigt sehr anschaulich die Synergien und Unterschiede von Usability und Accessibility. Anhand der „Digitalen Kluft", zahlreichen Statistiken, verschiedenen Arten von Behinderungen, der Analyse von bestehenden und sich entwickelnden Gesetzen und Zugänglichkeitsrichtlinien in Europa und den USA wird aufgezeigt, weshalb das Thema mittlerweile einen so hohen Stellenwert bei der Gestaltung von Webauftritten erhält.

Hainburg, 3. Mai 2003

Prof. Dr. Paul Wenzel
Fachhochschule Konstanz

 Vor rund drei Jahren erlebte ich was Internet für behinderte Personen sein kann: Ein Tor zur Welt. Ein prägendes Erlebnis ist der blinde Weinliebhaber, der seinen Interessen online sehr gut nachgehen kann und sich die Weine liefern lässt - Die Abwesenheit von technischen Barrieren vorausgesetzt. Im Ladengeschäft bekommt er weder die Beratung noch die Übersicht.

Die anschliessende Möglichkeit in enger Zusammenarbeit mit Betroffenen dieses Thema als praxisnahe wissenschaftliche Arbeit zu vertiefen war nicht nur befriedigend, sondern auch wichtig und fachlich sehr spannend.

Entstanden ist eine umfassende Übersicht, die in der Folge entlang verschiedener Projekte mit zahlreichen Tipps und Beispielen angereichert werden konnte. Dazu kamen die verschiedenen Behindertengleichstellungsgesetze sowie weltweite Empfehlungen und Benchmarks für behindertengerechte Angebote.

Nicht nur wegen der Sache und der geltenden Gesetze, sondern auch wegen zahlreicher wirtschaftlicher und technischer Vorteile gehört das Wissen über barrierefreie Internetangebote zum Handwerkzeug eines jeden Auftraggebers, Internetberaters und Webtechnikers. Der beste Einstieg dazu ist das vorliegende Buch.

St. Gallen, 5. Mai 2003

Jürg Stuker

CTO, Partner, namics ag

A Abstract

Accessibility und Usability bzw. Barrierefreiheit und Benutzbarkeit spielen im Web eine immer wichtiger werdende Rolle. Einerseits möchte man sich von seinem Konkurrenten durch bessere Benutzbarkeit unterscheiden, andererseits ist es für einen Webauftritt der öffentlichen Hand möglicherweise sogar gesetzlich vorgeschrieben, Barrierefreiheit nach bestehenden Standards zu erfüllen.

Es mag überzogen klingen, Webseiten für eine so kleine Bevölkerungsgruppe wie beispielsweise Blinde zu optimieren oder zu erstellen. Im Bereich des eGovernment und der öffentlichen Hand ist dies durch Gesetzte mittlerweile in vielen Ländern Pflicht. Auch die Privatwirtschaft kann in diesem Bereich soziale Kompetenz und Verantwortung zeigen. Schliesslich ist eine Webseite, die barrierefrei zugänglich ist, für jeden Nutzer einfacher zu bedienen. Die technischen Vorteile wie bessere Indizierbarkeit durch Suchmaschinen und Geräteunabhängigkeit im Zeitalter des mobilen Internets dürfen ebenfalls nicht ausser Acht gelassen werden.

Gut für die einen, notwendig für die anderen – diese Arbeit zeigt die Synergien von Usability und Accessibility, sowie ihre Unterschiede. Anhand der 'Digitalen Kluft', Statistiken, verschiedenen Arten von Behinderungen, der Analyse von bestehenden und sich entwickelnden Gesetzen und Zugänglichkeitsrichtlinien in Europa und den USA soll aufgezeigt werden, weshalb das Thema mittlerweile einen so hohen Stellenwert bei der Gestaltung von Webauftritten inne hält. Entwicklern soll eine Anleitung zur benutzerfreundlichen und barrierefreien Gestaltung von Webseiten gegeben werden. Projektleitern und Beratern soll im Hinblick auf die gesetzlichen Anforderungen der wirtschaftliche Nutzen näher gebracht werden.

Ziel der Arbeit ist es, den Leser für das Thema zu sensibilisieren und Möglichkeiten zur Umsetzung eines barrierefreien und benutzerfreundlichen Webauftrittes aufzuzeigen.

B Inhaltsverzeichnis

A	Abstract	I
B	Inhaltsverzeichnis	III
C	Vorwort	IX
D	Abkürzungsverzeichnis	XI
E	Glossar	XIII
F	Abbildungsverzeichnis	XVII
G	Tabellenverzeichnis	XXIII
H	Quellcodeverzeichnis	XXV
1	**Abgrenzung und Gegenstand**	**1**
	1.1 Ziele und Zweck der Arbeit	1
	1.2 Das Unternehmen namics	3
	1.3 Definitionen	5
	1.3.1 Usability	5
	1.3.1.1 Was ist Usability?	5
	1.3.1.2 Warum ist Usability wichtig?	6
	1.3.1.3 DIN-ISO-Norm 9241-11 Definition	6
	1.3.2 Accessibility	7
	1.3.2.1 Was ist Accessibility?	7
	1.3.2.2 Warum ist Accessibility wichtig?	8
	1.3.3 Flexibility und Compatibility	9
	1.3.4 Digital Divide	10
	1.3.5 eGovernment	11
2	**Die Accessibility Theorie**	**13**
	2.1 Accessible Web Sites	16
	2.1.1 Synergie zwischen Accessibility und Usability	16
	2.1.2 Usable Accessibility	17
	2.1.3 Beispiel für Web Accessibility	18
	2.1.4 Unterschiede zwischen Usability und Accessibility	20
	2.1.5 Accessibility als Prozess	21
	2.1.6 Gut für die einen, notwendig für andere	22
	2.1.7 Funktionelle und situationsbedingte Einschränkungen	23
	2.1.8 Gründe für Accessible Websites	25
	2.1.9 Exkurs – Vorgeschichte des Accessibility Bewusstseins	25
	2.2 Digital Divide – Die digitale Kluft	27

Inhaltsverzeichnis

    2.2.1 Probleme der Technologieverteilung in der Welt 27
    2.2.2 Unterschiede innerhalb von Nationen 28
    2.2.3 Kontinentale Unterschiede und Gefälle 30
    2.2.4 Digitale Kluft bei Kids im Internet 32

3 Forderung nach Accessibility 33

  3.1 Auftretende Behinderungen 33
    3.1.1 Farbenblindheit und -sehschwächen 33
    3.1.2 Blindheit 35
    3.1.3 Motorische Behinderungen 36

  3.2 Statistiken, Zahlen und Fakten 38
    3.2.1 Deutschland 38
    3.2.2 Schweiz, EU, UNO 40
    3.2.3 USA 42

  3.3 Die Gesetze 45
    3.3.1 Deutschland – BGG – BITV 45
        3.3.1.1 Das Gesetz 45
        3.3.1.2 Die Verordnung 46
        3.3.1.3 Anwendung der Richtlinien 47
        3.3.1.4 Zeithorizont für die Anwendung 48
        3.3.1.5 Zusammenfassung 48
    3.3.2 Europäische Union 49
    3.3.3 Schweiz – BehiG 50
        3.3.3.1 Historie 50
        3.3.3.2 Das Gesetz 51
    3.3.4 USA 52
        3.3.4.1 Historie 52
        3.3.4.2 Das Gesetz 53

  3.4 Accessibility bei grossen Konzernen 55
    3.4.1 Microsoft 55
    3.4.2 Macromedia 56
    3.4.3 Adobe 56
    3.4.4 IBM 57
    3.4.5 SAP 57

  3.5 eGovernment 58
    3.5.1 Stadien des eGovernment 59
    3.5.2 Zugang zu Informationen 62
    3.5.3 eGovernment und eDemokratie 64
    3.5.4 eGovernment Design 65

  3.6 Business Benefits von Accessibility 66
    3.6.1 Wirtschaftliche Bedeutung von Accessible Webdesign 66
    3.6.2 Technische Bedeutung von Accessible Webdesign 71

  3.7 Mobile Usability 73

Inhaltsverzeichnis

3.7.1	Zukunft der Informationsgesellschaft?	73
3.7.2	Die Relevanz von WAP	74
3.7.3	Limitationen des mobilen Internets	75
3.7.4	Mobile-Usability Empfehlungen	75
3.7.5	Heutiger Stand der Mobile-Usability	78

3.8 Usability aus der Sicht von Internet-Minderheiten ... 79

3.8.1	Kids und Teens	79
3.8.2	Usability für Kids	80
3.8.3	Usability für Senioren	83

4 Accessibility an Beispielen ... 85

4.1 Die Regelwerke ... 85

4.2 Überblick und Aufbau der WCAG ... 85

4.3 Richtlinien für Webinhalte ... 88

4.3.1	Richtlinie 1 – Audio und Visuelles	88
4.3.2	Richtlinie 2 – Verständlichkeit ohne Farbe	91
4.3.3	Richtlinie 3 – Struktur und Präsentation	93
4.3.4	Richtlinie 4 – Abkürzungen, Fremdsprachen	98
4.3.5	Richtlinie 5 – Tabellen	100
4.3.6	Richtlinie 6 – Unabhängigkeit	103
4.3.7	Richtlinie 7 – Zeitgesteuerte Inhalte	106
4.3.8	Richtlinie 8 – Benutzerschnittstellen	108
4.3.9	Richtlinie 9 – Geräteunabhängigkeit	109
4.3.10	Richtlinie 10 – Interim-Lösungen	112
4.3.11	Richtlinie 11 – W3C Standards	116
4.3.12	Richtlinie 12 – Kontext und Orientierung	118
4.3.13	Richtlinie 13 – Navigation	122
4.3.14	Richtlinie 14 – Einfachheit	126

4.4 Fazit der WCAG 1.0 ... 128

4.5 WCAG 1.0 vs. 2.0 ... 128

4.6 Usability- und Accessibility-Tests ... 130

4.6.1	Das Usability Kartenspiel	130
4.6.2	Interviews	130
4.6.3	Fragebögen	131
4.6.4	Heuristische Evaluation nach Nielsen und Molich	132
4.6.5	Iterative Evaluation	133
4.6.6	Einzel- & Gruppenevaluation	133
4.6.7	Der Runde Tisch	134
4.6.8	Die Methoden in der Praxis	134
4.6.9	Auswahl und Durchführung	135
4.6.10	Auswertung und Nutzung der Testergebnisse	135

Inhaltsverzeichnis

4.6.11 Fazit ... 136
4.7 Accessibility Testing und Validating ... 137
    4.7.1 Testing und Validating Tools ... 137
    4.7.2 Vischeck – Farbblindheits-Simulation ... 137
    4.7.3 Screen Reader ... 138
    4.7.4 Braille Surf ... 139
    4.7.5 Bobby ... 141

5 Schlussbetrachtung und Analyse der Erkenntnisse ... 143

I Anhang ... 145
  I.1 Anhang 1 – Usability ... 145
    I.1.1 Warum kommen Besucher einer Webseite wieder? ... 145
    I.1.2 Merkmale für Benutzerfreundlichkeit und Usability ... 146
    I.1.3 Zweck einer Webseite ... 147
        I.1.3.1 Firmenname und Firmenlogo ... 147
        I.1.3.2 Tag-Line, Schlagworte der Seite ... 147
        I.1.3.3 Die wichtigsten Inhalte ... 147
        I.1.3.4 Startseite ... 147
    I.1.4 Informationen zum Unternehmen ... 148
        I.1.4.1 Firmeninformationen ... 148
        I.1.4.2 Kontaktmöglichkeit ... 148
    I.1.5 Inhalt der Seiten ... 149
        I.1.5.1 Wer sind meine Besucher ... 149
        I.1.5.2 Vermeiden von doppeltem Inhalt ... 149
        I.1.5.3 Reisserische Marketing Phrasen ... 149
        I.1.5.4 Einheitliche Ausdrucksweisen ... 150
        I.1.5.5 Überschriften und Kategorien ... 150
        I.1.5.6 Sprache und Typographie ... 150
    I.1.6 Was bietet die Webseite ... 151
    I.1.7 Links ... 152
        I.1.7.1 Schlüsselworte ... 152
        I.1.7.2 Linkfarben ... 152
        I.1.7.3 Link, aber wohin? ... 152
    I.1.8 Navigation ... 153
    I.1.9 Suche ... 154
    I.1.10 Grafiken und Animationen ... 155
    I.1.11 Grafikdesign ... 157
    I.1.12 Farben ... 158
    I.1.13 Fenstertitel ... 159
    I.1.14 URLs ... 160
    I.1.15 Welcome Screens, PopUp Fenster, Werbung ... 161
    I.1.16 Technische Probleme ... 162
    I.1.17 Danksagungen, Awards, Lobpreisungen ... 162
  I.2 Anhang 2 – Wo erwarten User Was auf einer Webseite ... 163
    I.2.1 Interne Links ... 163

Inhaltsverzeichnis

    I.2.2   Externe Links 164
    I.2.3   Link zur Startseite der Präsenz 165
    I.2.4   Suchfunktion 165
    I.2.5   Werbebanner 166
    I.2.6   Login und Registrierung 167
    I.2.7   Warenkorb 167
    I.2.8   Hilfe Link 168
    I.2.9   Links zu Produkten 169
    I.2.10 Die theoretisch optimale Webseite 170

I.3   Anhang 3 – Design Empfehlungen 171

I.4   Anhang 4 – Alltägliche Usability-Hürden – Lösungen 174
    I.4.1   Vertippen in einer Suchmaschine 174
    I.4.2   Eingabe einer falschen URL 176
    I.4.3   Präsentation von Suchergebnissen 177

I.5   Anhang 5 – Screen Real Estate 180
    I.5.1   Bildschirmplatz ist wertvoll 180
    I.5.2   Der Begriff Screen Real Estate 180
    I.5.3   http://www.spiegel.de 183
    I.5.4   http://www.news.ch 184
    I.5.5   http://europe.cnn.com 185
    I.5.6   Screen Real Estate Fazit 186

I.6   Anhang 6 – Accessible PDF 187
    I.6.1   Anforderungen zur Erstellung von Accessible PDF 188
    I.6.2   Accessible PDF mit MS Office 2000 189
    I.6.3   Accessible PDF aus existierendem PDF 189

I.7   Anhang 7 – Browserkompatibilitäten 190

I.8   Anhang 8 – Abbildungen aus dem Textteil 197

I.9   Anhang 9 – WAI WCAG 1.0 Checkliste 224

J   Literaturverzeichnis 231

    J.1   Bücher 231
    J.2   Zeitschriften 232
    J.3   Whitepapers 234
    J.4   Sonstige Quellen und Verweise 234

C Vorwort

Im März 2002 entstand die Idee zu dieser Diplomarbeit in einem Gespräch mit Jürg Stuker, meinem Betreuer bei der namics ag. Dabei unterhielten wir uns über den Artikel *'Pushing human-computer interaction research to empower every citizen – Universal Usability'* von Ben Shneiderman. In diesem Artikel geht es um Universal Usability, in Bezug auf Technologie-, Benutzer- und Wissensunterschiede.

Im Hinblick auf die Gesetze in den USA, dem Gesetzesentwurf für Deutschland und dem anstehenden eGovernment Projekt der namics ag für das *'Schweizer Bundesamt für Statistik – BFS'*, wurden der Titel sowie der Umfang der Diplomarbeit festgelegt.

Das Thema war für mich von Anfang an sehr interessant, da es sowohl technische Themen wie die Programmierung von Webseiten als auch betriebswirtschaftliche Hintergründe wie die Vorteile der benutzerfreundlichen Webgestaltung beinhaltete. Ein ebenso reizvoller Aspekt der Diplomarbeit lag in der Themenvielfalt. Es mussten Themen aus dem Bereich der Technik wie beispielsweise mobiles Internet und alternative Zugangstechnologien erarbeitet werden. Zusätzlich wurden Statistiken und Entwicklungen der betroffenen Zielgruppen sowie die Gesetzgebung einzelner Nationen ausgewertet.

Bei der Realisierung der Richtlinien im Projekt *'BFS'* war ein Grossteil der Arbeit ein spielerisches Ausprobieren der erstellten Webseiten mit einem Screen Reader wie er von Blinden genutzt wird. Aus diesen Erfahrungen konnte eine Sammlung an Hilfsmitteln erstellt werden, durch welche es Entwicklern erleichtert wird, ihre Arbeit zu überprüfen.

Ebenso war es im Laufe meiner Diplomarbeit interessant zu beobachten, wie in Deutschland aus einem Gesetzesentwurf zur Barrierefreiheit schliesslich ein verabschiedetes Gesetz samt Umsetzungsverordnung entstand.

Vorwort

Artikel in den Fachzeitschriften c't und iX sowie Berichterstattungen in online Newstickern zur Entwicklung des neuen Gesetzes und seiner Auswirkung waren ein weiterer Motivationspunkt das richtige Thema gewählt zu haben.

Die namics ag mit Jürg Stuker und mir werden in Zusammenarbeit mit dem Blinden Arnold Schneider, Vorsitzender der Gesellschaft *'Zugang für Alle'*, am 24. Oktober 2002 in Zürich aus den aktuellen Anlässen einen Web Accessibility Event halten, bei welchem wir auch über die erarbeiteten Ergebnisse dieser Diplomarbeit referieren werden.

Ich möchte mich speziell bei Jürg Stuker, der mich erst auf das Thema meiner Diplomarbeit gestossen hat, für die Betreuung und wertvollen Inputs bedanken, sowie bei allen anderen namics-Kollegen, die mir oft sehr nützliche Anregungen für meine Arbeit haben zukommen lassen.

Des Weiteren möchte ich Professor Dr. Paul Wenzel für seine Betreuung und Unterstützung seitens der Fachhochschule Konstanz danken.

Last but not least ein grosses Dankeschön an diejenigen, die zum Ende hin diese Arbeit Korrektur gelesen haben.

Konstanz, 7. Oktober 2002

Markus Tressl

D Abkürzungsverzeichnis

[D]-Link	:	Descriptive- / Beschreibender-Link
ACM	:	Association for Computing Machinery
ADA	:	Americans with Disabilities Act
AOL	:	America Online
ASCII	:	American Standards Committee on Information Interchange
AUS	:	Australian Standards for Accessible Web Design
BehiG	:	Behinderten-Gleichstellungsgesetz, Schweiz
BFS	:	Schweizer Bundesamt für Statistik
BGG	:	Behinderten-Gleichstellungsgesetz, Deutschland
BITV	:	Barrierefreie Informationstechnik-Verordnung
CET	:	Central European Time, Mitteleuropäische Zeit
cHTML	:	Compact HyperText Markup Language
CSS	:	Cascading Style Sheet
DHTML	:	Dynamic HyperText Markup Language
DIN-ISO	:	Deutsche Industrie Norm – International Standards Organisation
DTD	:	Document Type Definition
FAQ	:	Frequently Asked Questions
G2B	:	Government-to-Business
G2B2G	:	Government-to-Business-to-Government
G2C	:	Government-to-Citizen
G2C2G	:	Government-to-Citizen-to-Government
G2G	:	Government-to-Government
GIF	:	Graphics Interchange Format
GSM	:	Global System for Mobile Communications
HTML	:	HyperText Markup Language
IBM	:	International Business Machines
ICT	:	Information and Communication Technologies

Abkürzungsverzeichnis

IMS	:	IMS Global Learning Consortium
IV-Rente	:	Invaliden Rente, Schweiz
KISS	:	Keep it Simple and Stupid
MS Office	:	Microsoft Office
MSDN	:	Microsoft Developer Network
OCR	:	Optical Character Recognition
OECD	:	Organisation for Economic Cooperation and Development
OS	:	Operating System
PDA	:	Personal Digital Assistant
PDF	:	Portable Document Format
RDF	:	Resource Description Framework
RTF	:	Rich Text Format
SAP	:	Systeme, Anwendungen und Produkte in der Datenverarbeitung
SS#	:	Social Security Number
SURL	:	Software Usability Research Lab
TCP/IP	:	Transmission Control Protocol/Internet Protocol
TFT	:	Thin Film Transistor
UCLA	:	University of California Los Angeles
UNPAN	:	United Nations Online Network in Public Administration and Finance
URL	:	Uniform Resource Locator
VPAT	:	Voluntary Product Accessibility Template
W3C	:	World Wide Web Consortium
WAI	:	Web Accessibility Initiative
WAP	:	Wireless Application Protocol
WCAG	:	Web Content Accessibility Guidelines
WWW	:	World Wide Web
XHTML	:	Extensible HyperText Markup Language
XML	:	Extensible Markup Language

E Glossar

404-Fehlermeldung	:	HTML-Fehler-Code für 'Seite nicht gefunden'
AddOn	:	Hard- oder Software, welche den Computer oder das Programm um Funktionalität erweitert
Applet	:	Ein Programm, das in eine Webseite eingefügt wurde
Assistive Technologies	:	Unterstützende Technologien, meist um Behinderten Menschen die Arbeit zu erleichtern
Benutzer- / Useragent	:	Software zum Zugriff auf Internetinhalte, z.B. Browser oder Screen Reader
Braille Zeile	:	Hardwareerweiterung der Tastatur eines Blinden, die Informationen vom Bildschirm werden in Braille-Schrift umgesetzt
Community	:	Gemeinschaft auf einer Webseite, meist stehen Chat-Funktionen und Bulletin-Boards zum Austausch untereinander zur Verfügung
Content Language	:	Sprache, in der ein Dokument verfasst ist
Content Negotiation	:	Verhandlung zwischen Browser (Client) und Webserver
Content Type	:	Inhalt eines Dokuments
Deuteranopie	:	Grünblindheit
Dublin Core	:	Initiative zur Standardisierung von Metadaten
Entwickler von Inhalten	:	Jemand, der Web-Seiten erstellt oder Websites gestaltet
Front-Loading	:	Informationen werden seriell gelesen, d.h. der Anfang muss immer verschieden sein, um unterschieden werden zu können

Glossar

HTTP-Redirect	:	Automatische Weiterleitung des Clients durch den Server
HTTP-Request	:	Anforderung von Daten durch den Browser beim Webserver
i-mode	:	Produkt von NTT DoCoMo. Farbiges, schnelles Internet auf dem Handy. Besser als WAP.
Linktext	:	Der dargestellte Textinhalt eines Links
Magnifier	:	Software Tool für Sehbehinderte zur Vergrösserung eines Bildschirmausschnittes
Markup	:	Text, der den Daten eines Dokument hinzugefügt wird, um Informationen zu übermitteln
MathML	:	Basierend auf XML, zur Darstellung von mathematischen Formeln auf Webseiten
Mine-Sweeping	:	Suchen nach Dingen durch Bewegen der Maus
Navigationsleiste	:	Eine Navigationsleiste ist eine Zusammenstellung von Links auf die wichtigsten Teile eines Dokuments oder einer Site
PlugIn	:	Programme, die in Kombination mit anderen Programmen verwendet werden. Acrobat ist ein Browser PlugIn, Vischeck ein Photoshop PlugIn
PopUp	:	Kleines, neues Fenster, das sich beim Aufruf von Webseiten öffnet
PostScript	:	Programmiersprache die das Erscheinungsbild auf einer gedruckten Seite beschreibt
Protanopie	:	Rotblindheit
Screen Reader	:	Software, die von Blinden als AddOn zum Browser genutzt werden und Webseiten vorlesen
Service-Navigation	:	Dienste wie Hilfe, About, Profil, etc. werden in der Regel hier zusammen gefasst

Glossar

Sitemap	:	Eine Sitemap stellt eine Gesamtübersicht über den Aufbau einer Seite oder Site bereit
Stylesheet	:	Ein Stylesheet ist eine Menge von Anweisungen, die die Präsentation eines Dokuments spezifizieren
Subscription-Liste	:	Email-Liste im Internet für welche man sich registrieren muss um die gewünschten Informationen zu erhalten
Suchmaschinen-Spider	:	Programm von Suchmaschinen, das wie eine Spinne das Netz durchforsten und die Webseiten indiziert
Top- / First-Level-Navigation	:	Hauptkategorien einer Webseite werden hier zusammen gefasst
Trial and Error	:	Methode, die durch Ausprobieren und Fehler einen Lerneffekt verschafft
Tritanopie	:	Blaublindheit
Virtual Reality System	:	Simulation einer realen oder fiktiven Umgebung, man kann sich in allen drei Dimensionen (Höhe, Breite, Tiefe) bewegen

F Abbildungsverzeichnis

Abbildung 1 – namics Logo 3

Abbildung 2 – Usability in einem Auto, Cupholder vs. Autoradio 5

Abbildung 3 – Begriffshierarchie eGovernment; *Quelle: http://glossar.iwv.ch* 11

Abbildung 4 – ALT-Text wird in einem PopUp dargestellt, wenn man mit der Maus über die Grafik fährt *(Beispiel: Internet Explorer)* 19

Abbildung 5 – ALT-Text wird bei nicht geladenen Bildern dargestellt; fehlt das ALT-Attribut, wird nur 'IMAGE' angezeigt *(Beispiel: Opera)* 19

Abbildung 6 – Darstellung des ALT-Textes in einem Screen Reader; alternativer Text wird vorgelesen, fehlt der alternative Text fehlt auch die Information *(Beispiel: IBM Homepage Reader)* 19

Abbildung 7 – Hindernisse beim Zugang zum Internet; *Quelle: http://cio-dpi.gc.ca* 28

Abbildung 8 – Technologiegefälle in Westeuropa vs. USA; *Quelle: Computer Industry Almanac* 31

Abbildung 9 – Kontinentale Unterschiede in der Internetnutzung und ihre Ursachen; *Quelle: Meta Group* 31

Abbildung 10 – Die Arten von Farbenblindheit im Überblick 34

Abbildung 11 – *http://www.diebauengineering.ch* für Normalsichtige und rot-grün Blinde 35

Abbildung 12 – Braille Zeilen 36

Abbildung 13 – Joystick für motorisch Behinderte zur Steuerung eines Computers 37

Abbildung 14 – Einfacher Magnifier von Windows 37

Abbildung 15 – Behindertenrate in Deutschland; *Stand 12/1999* 38

Abbildung 16 – Altersverteilung bei Behinderung in Deutschland; *Stand: 12/1999* 39

Abbildung 17 – Verteilung der auftretenden Behinderungen in Deutschland; *Stand: 12/1999* 40

Abbildung 18 – Gesundheitliches Wohlbefinden in der Schweiz; *Quelle: BFS; Stand: 07/1999* 41

Abbildung 19 – Anteile der Behinderungsgrade in der US Bevölkerung; *Quelle: InfoUse* 43

Abbildungsverzeichnis

Abbildung 20 – Anzahl der Menschen in Millionen mit Problemen beim...; Quelle: InfoUse 44

Abbildung 21 – Stadien des modernen eGovernment; Quelle: The 24/7 Agency 60

Abbildung 22 – Geringe Realisierung potentieller Kunden einer eCommerce Seite; auftretende Probleme sind meist Usability-Probleme; Quelle: namics Firmenpräsentation 66

Abbildung 23 – Prozentuale Internetnutzung bei Kids und Teens; Quelle: AOL 80

Abbildung 24 – Startseite Disney.com in Form eines virtuellen Vergnügungsparks 82

Abbildung 25 – Seiten, die Anspruch auf WAI-Konformität erheben, können mit einem Icon ausgezeichnet werden 87

Abbildung 26 – Darstellung des `ALT`-Attributs im Browser 88

Abbildung 27 – [D]- bzw. Descriptive-Link zur Beschreibung einer Grafik 89

Abbildung 28 – Trennung von Präsentation und Inhalt 92

Abbildung 29 – Verschachtelung von `<LI>`-Elementen 97

Abbildung 30 – Nicht linearisierte Tabelle, Inhalte ergeben horizontal gelesen keinen Sinn 102

Abbildung 31 – Ein Klick auf Vorname aktiviert das Eingabefeld, ein Klick auf beispielsweise 'mittel' selektiert direkt den Radiobutton ... 113

Abbildung 32 – Mögliche Probleme bei Tabellen mit Texten und Zeilenumbrüchen 114

Abbildung 33 – Trennzeichen zwischen nebeneinander liegenden Links 116

Abbildung 34 – Überschriften nur zur Strukturierung verwenden, nicht als Effekt 122

Abbildung 35 – Ergebnismatrix einer heuristischen Evaluation; Quelle: useit.com 132

Abbildung 36 – Links oben das Original Farbklima, danach Protan, Deuteran und Tritan 138

Abbildung 37 – JAWS for Windows 4.5 von Freedom Scientific 139

Abbildung 38 – Braille Surf 4 140

Abbildung 39 – Braille Surf, links http://www.google.com, rechts http://www.namics.com 141

Abbildung 40 – Cast's Bobby wird seit kurzem von Watchfire vertrieben 142

… 145

Abbildung A2 – Eine kleine, erfahrene Gruppe Internetnutzer ist zu einer breiten Masse geworden; die Komplexität des Mediums ist aber ständig gestiegen; Quelle: namics Studie … 146

Abbildung A3 – Icons für Videoinhalte und Bildergalerien bei CNN.de … 153

Abbildung A4 – Zweikampf Ferrari vs. McLaren, links reduziert auf das Wesentliche, rechts mit zu vielen Informationen im Bild; Quelle: http://www.sport1.de … 156

Abbildung A5 – Navigation bei Coles Online am Seitenende platziert wirkt wie ein Webebanner, auch aufgrund der logoähnlichen Grafiken; Quelle: http://www.coles.com.au … 158

Abbildung A6 – Legende zu 'Wo erwarten User Was' … 163

Abbildung A7 – Erwartung interner Links … 164

Abbildung A8 – http://www.microsoft.de … 164

Abbildung A9 – Erwartung externer Links … 164

Abbildung A10 – http://www.heise.de … 164

Abbildung A11 – Erwartung Home-Link … 165

Abbildung A12 – http://www.heise.de … 165

Abbildung A13 – Wo ist die Suchfunktion … 166

Abbildung A14 – http://www.google.de … 166

Abbildung A15 – Verteilung Webebanner … 166

Abbildung A16 – http://www.spiegel.de … 166

Abbildung A17 – Site-Login Platzierung … 167

Abbildung A18 – http://www.alternate.de … 167

Abbildung A19 – Platzierung Warenkorb … 168

Abbildung A20 – http://www.alternate.de … 168

Abbildung A21 – Erwartung des Hilfe-Links … 168

Abbildung A22 – http://www.amazon.de … 168

Abbildung A23 – Produkt-Links … 169

Abbildung A24 – http://www.amazon.de … 169

Abbildung A26 – Fehlererkennung bei Google und automatische Weiterleitung zum… … 174

Abbildung A27 – korrigierten Ergebnis … 174

Abbildungsverzeichnis

Abbildung A28 – Teoma ohne Suchergebnis 174

Abbildung A29 – Vorbildliches Usability-Verhalten bei Google 175

Abbildung A30 – Google erklärt den Fehler 176

Abbildung A31 – Teoma mit Standard 404 176

Abbildung A32 – Suchergebnis mit 0 Treffern bei Google, dafür Vorschläge 177

Abbildung A33 – Suchergebnis mit 0 Treffern bei Amazon mit Beispielen für erfolgreiches Suchen 177

Abbildung A34 – Suchergebnis mit 0 Treffern bei eBay, erweiterte Suche wird angeboten 178

Abbildung A35 – Suchergebnis mit 0 Treffern bei namics, leider ohne Hinweis 179

Abbildung A36 – Suchergebnis bei Heise, aus dem Suchwort 'tresslusability' werden 6 'Usability' Suchergebnisse 179

Abbildung A37 – http://www.spiegel.de 183

Abbildung A38 – http://www.news.ch 184

Abbildung A39 – http://europe.cnn.com 185

Abbildung A40 – http://www.diebauengineering.ch für Normalsichtige ... 197

Abbildung A41 – http://www.diebauengineering.ch für rot-grün Blinde ... 198

Abbildung A42 – Platzierung von seiteninternen Links bei http://www.microsoft.de 199

Abbildung A43 – Externe Links und Home-Logo bei http://www.heise.de 200

Abbildung A44 – Platzierung des Suchfeldes bei Google 201

Abbildung A45 – Werbebanner Spiegel Online, http://www.spiegel.de .. 202

Abbildung A46 – Community- bzw. Member-Login und Warenkorb beim PC-Versand Alternate 203

Abbildung A47 – Hilfe-Link und auffällige Positionierung von Produktlinks bei Amazon 204

Abbildung A48 – Portal für Kids in Form eines virtuellen Vergnügungsparks bei http://www.disney.com 205

Abbildung A49 – '404 Page Not Found' Fehlermeldung bei Google 206

Abbildung A50 – Fehlende 404 Seite bei Teoma 207

Abbildung A51 – Verbesserung eines Tippfehlers bei einer ergebnislosen Suche auf Google 208

Abbildungsverzeichnis

Abbildung A52 – Ergebnisseite bei Google nach der Eingabe eines Tippfehlers 209

Abbildung A53 – Keine Ergebnisse bei der Suche auf Teoma 210

Abbildung A54 – Nicht erfolgreiche Suche bei Amazon, dafür Suchbeispiele mit möglichen Ergebnissen 211

Abbildung A55 – Nicht erfolgreiche Suche bei eBay, dafür Hinweise auf Erweiterte Suche 212

Abbildung A57 – Eigentlich nicht erfolgreiche Suche bei Heise, Ergebnisse durch Parsen des Suchstrings 214

Abbildung A58 – Nicht erfolgreiche Suche namics.com, keine Hinweise 215

Abbildung A59 – Seitenaufteilung bei *http://europe.cnn.com* 216

Abbildung A60 – Markierung der Bereiche Navigation, Werbung, Inhalt und Browser zur Errechnung des Screen Real Estate 217

Abbildung A61 – Die Seite news.ch im Überblick 218

Abbildung A62 – News.ch Aufteilung zur Errechnung des Screen Real Estate 219

Abbildung A63 – Seitenraster von *http://www.spiegel.de* 220

Abbildung A64 – Screen Real Estate Bereiche bei Spiegel Online 221

Abbildung A65 – 'Look & Feel' von Google für Blinde, alle Informationen sind verfügbar 222

Abbildung A66 – Die Webseite von namics lässt den Blinden nicht viele Informationen erfahren 223

G Tabellenverzeichnis

Tabelle 1 – Digitale Kluft; *Quelle: Jupiter Communications* 27

Tabelle 2 – Veränderung der US Online-Bevölkerung 1996-2001; *Quelle: InsightExpress* 29

Tabelle 3 – Anteile einzelner Bevölkerungsgruppen; *Quelle: Jupiter Communications* 30

Tabelle 4 – Vergleich der Section 508 Standards mit den WCAG 1.0 Checkpunkten 54

Tabelle 5 – Nutzung bekannter Technologien im Bereich des eGovernment 63

Tabelle 6 – Für viele Bürger kann mit eGovernment kein Einfluss auf die Politik genommen werden 64

Tabelle 7 – Tendenz des mobilen Internets; *Quelle: Intermarket Group* .. 73

Tabelle 8 – Umsatzpotential des mobilen Internets; *Quelle: Jupiter Research* 73

Tabelle 9 – Bekannte Probleme und Hürden des mCommerce; *Quelle: Telephia, Inc.* 74

Tabelle 10 – Usabilityvergleich Senioren und 'normale' Internetnutzer; *Quelle: useit.com* 83

Tabelle 11 – Kosten, Vor- und Nachteile von Usabilitytestverfahren; *Quelle: ibusiness.com* 134

Tabelle A1 – Häufigkeit der Browserauflösungen; *Quelle: http://www.echoecho.com* 157

Tabelle A2 – Die Bedeutung von Farben in Kulturkreisen; *Quelle: http://www.thinkquest.org* 159

Tabelle A3 – Designempfehlungen für Homepages 173

Tabelle A4 – Browserkompatibilitäten unter Windows 190

Tabelle A5 – Browserkompatibilitäten unter Linux 191

Tabelle A6 – Browserkompatibilitäten unter Unix-Derivaten 192

Tabelle A7 – Browserkompatibilitäten unter Macintosh OS X 193

Tabelle A8 – Browserkompatibilitäten unter Macintosh OS 9.x 194

Tabelle A9 – Browserkompatibilitäten bei WebTV, BeOS, etc. 195

Tabellenverzeichnis

Tabelle A10 – Browserkompatibilitäten unter IBM OS/2 und Legende zu Tabellen 196

Tabelle A11 – WCAG 1.0 Checkpunkte der Priorität 1 – Teil 1 224

Tabelle A12 – WCAG 1.0 Checkpunkte der Priorität 1 – Teil 2 225

Tabelle A13 – WCAG 1.0 Checkpunkte der Priorität 2 – Teil 1 226

Tabelle A14 – WCAG 1.0 Checkpunkte der Priorität 2 – Teil 2 227

Tabelle A15 – WCAG 1.0 Checkpunkte der Priorität 2 – Teil 3 228

Tabelle A16 – WCAG 1.0 Checkpunkte der Priorität 3 – Teil 1 229

Tabelle A17 – WCAG 1.0 Checkpunkte der Priorität 3 – Teil 2 230

H Quellcodeverzeichnis

Quellcode 1 – Beispiele für ALT-Attribut; Content-Anchor und Grafik 88

Quellcode 2 – Beispiel eines [D]-Links zur Beschreibung einer Grafik 89

Quellcode 3 – Zusätzliche Textlinks bei serverseitiger Imagemap 90

Quellcode 4 – Redundante Textlinks bei clientseitiger Imagemap 91

Quellcode 5 – CSS Farbcodierungen 92

Quellcode 6 – Abbildung der Funktion in MathML 94

Quellcode 7 – Angabe des Documenttype 94

Quellcode 8 – Formatierung von Text mit Hilfe von CSS 95

Quellcode 9 – Prozentuale Grössenangaben zur Positionierung 95

Quellcode 10 – Strukturierung eines Dokuments durch Überschriften 96

Quellcode 11 – Verschachtelung von Listenelementen im HTML 96

Quellcode 12 – Längeres Zitat mit BLOCKQUOTE-Tag markiert 97

Quellcode 13 – Angabe eines Sprachwechsels 98

Quellcode 14 – ACRONYM und ABBR Tags zur Spezifizierung von Abkürzungen 99

Quellcode 15 – Angabe der Dokumentsprache mit HTML-Attribut LANG .. 99

Quellcode 16 – Verwendung von TH für Tabellenüberschriften und TD für Datenzellen 101

Quellcode 17 – Darstellung der Zusammenhänge mit SCOPE=COL und AXIS aus Quellcode 16 101

Quellcode 18 – SUMMARY-Attribut zur Beschreibung von Inhalten bei Datentabellen 103

Quellcode 19 – Beispiel für eine Kombination aus dynamischem und statischem Inhalt 104

Quellcode 20 – Benutzeragenten die LINK unterstützen, laden die alternative Seite für Browser die sich als 'aural', 'braille' oder 'tty' identifizieren 105

Quellcode 21 – Verwendung HTTP-EQUIV sollte vermieden werden 107

Quellcode 22 – Festlegung einer Reihenfolge bei Formularelementen mit Hilfe des HTML-Attributs TABINDEX 110

Quellcodeverzeichnis

Quellcode 23 – Shortcuts für Links einer First-Level Navigation mit dem ACCESSKEY-Attribut 111

Quellcode 24 – Zuordnung von Beschriftung und Formularelement mit LABEL-Tag 113

Quellcode 25 – Vorbelegung einer TEXTAREA als Platzhalter 115

Quellcode 26 – '/' als Trennzeichen zwischen Links zur Sprachwahl 115

Quellcode 27 – TITLE-Attribut zur genauen Identifizierung von Frames 119

Quellcode 28 – LONGDESC-Verweis zur exakten Beschreibung von Frameinhalten 120

Quellcode 29 – Gruppierung von Formularelementen mit FIELDSET und LEGEND 121

Quellcode 30 – <H1> und <H2> zur Strukturierung von grossen Textblöcken 121

Quellcode 31 – Beschriftung und Formularelement werden mit LABEL zugeordnet 122

Quellcode 32 – Aussagekräftiger Linktext und TITLE-Attribut zur Beschreibung 123

Quellcode 33 – Anchor-Link zum Überspringen einer Navigation 124

Quellcode 34 – Verknüpfung von einzelnen Dokumenten mit Hilfe des LINK-Tags 125

Quellcode 35 – HTML-Anchor zur Überspringung der ASCII-Zeichnung 126

1 Abgrenzung und Gegenstand

> *"Usability rules the web. Simply stated, if the customer can't find a product then he or she will not buy it."* [1]

1.1 Ziele und Zweck der Arbeit

Diese Diplomarbeit beschäftigt sich mit dem Thema Universal Usability und einer spezialisierten Ausprägung der Usability, der Barrierefreiheit im Internet (Accessibility). Ein spezieller Fokus wird auf die bestehenden Gesetze und Richtlinien zur Barrierefreiheit für den Sektor der öffentlichen Hand und des eGovernment gerichtet.

Zunächst werden die relevanten Begriffe der Arbeit kurz definiert und in einigen Sätzen erklärt.

Der Einstieg in das Thema ist Accessibility in der Theorie, gefolgt von konkreten Beispielen warum Accessibility in Internetprojekten heute so wichtig ist. Unterstützt werden die Forderungen nach Barrierefreiheit mittlerweile durch Gesetze, welche im Folgenden analysiert werden.

Zur Untermauerung der Thematik werden die Business Benefits von Usability- und Accessibility-Design aufgezeigt. Mobile Usability und die Usability für 'Randgruppen'-Nutzer des Internets stellt ein kleines Thema dar.

Aufhänger und Grundlage dieser Diplomarbeit ist das Projekt 'Schweizer Bundesamt für Statistik'. Anhand dessen werden die bestehenden Accessibility Regelwerke erklärt, gezeigt und illustriert. Des Weiteren wird sowohl auf Usability

---

[1] vgl. Jakob Nielsen; Designing Web Usability [New Riders, 1999]

Abgrenzung und Gegenstand

Testverfahren als auch auf Accessibility Test und Überprüfungswerkzeuge eingegangen.

Die Schlussbetrachtung und Zusammenfassung der Diplomarbeit fasst die gewonnenen Erkenntnisse, samt Best Practices zur Gestaltung von nutzerfreundlichen Webseiten, zusammen.

Im Anhang der Diplomarbeit wird der Bogen zwischen Usability und dem Design einer erfolgreichen Webseite gespannt. Hinweise zur Gestaltung von Webseiten ebenso wie alltägliche Usability Fehler in Webprojekten und ein Exkurs in das Gebiet des Screen Real Estate werden thematisiert.

Viele Bücher beschäftigen sich heute bereits mit dem Thema Usability und Accessibility. Diese Diplomarbeit soll nicht als Ersatz für eines dieser Bücher dienen. Vielmehr werden in dieser Diplomarbeit technische sowie betriebswirtschaftliche Themen zur Erstellung barrierefreier und benutzerfreundlicher Webseiten erarbeitet. Kein mir bekanntes Buch umfasst in konsequenter Durchgängigkeit alle hier behandelten Fallstudien.

Ziel der Diplomarbeit ist es, dem Leser einen Überblick über das Thema Benutzbarkeit und Barrierefreiheit im Internet hinsichtlich allen möglichen Facetten und Richtungen zu verschaffen. Der Leser soll für die behandelten Bereiche der Usability und Accessibility sensibilisiert werden und es werden technische Lösungsmöglichkeiten dargestellt und erläutert, damit eine Webseite nutzerfreundlich und barrierefrei gestaltet werden kann.

1.2 Das Unternehmen namics

Als Spin-Off der Universität St Gallen (HSG) gegründet, ist namics heute führender Anbieter von Professional Internet Services in der Schweiz. Seit 1995 unterstützt namics Unternehmen wie Nestlé, Compaq, Ericsson, Sunrise, Opel, Swiss Life, Credit Suisse oder Siemens bei der Definition und Umsetzung ihrer E-Business-Strategien.

namics verfügt über alle Kernkompetenzen, die zur Realisierung von komplexen Web-Projekten erforderlich sind: Mit 'team-based net solutions' werden die drei Know-how-Bereiche Consulting, Design und Technologie in anspruchsvollen E-Business und E-Commerce-Lösungen zusammengeführt. Dabei zeichnen namics die langjährigen Kundenbeziehungen aus: Mehr als 60 % des Umsatzes sind auf über dreijährige Kundenbeziehungen zurückzuführen.

Neben dem Hauptsitz in St. Gallen ist namics mit Niederlassungen in Frankfurt, Hamburg, Konstanz, Zug und Zürich vertreten. namics gehört zu 75 Prozent der PubliGroupe und zu 25 Prozent dem Management.

Bei namics steht teamorientiertes Arbeiten im Zentrum. In jedem Team sind die Kernkompetenzen Beratung, Design und Technologie integriert. Von der strategischen E-Business-Beratung über die Konzeption und Gestaltung bis hin zur technologischen Umsetzung und laufenden Betreuung der Lösung garantiert das Zusammenspiel aller drei Kompetenzbereiche eine optimale Kundenbetreuung.

Abbildung 1 – namics Logo

Consulting

Qualifizierte Unternehmensberater und Marketingspezialisten mit betriebswirtschaftlichem Background und langer Interneterfahrung entwickeln gemeinsam mit dem Kunden Strategien für nutzenbringendes E-Business. Ausgehend von der Unternehmensstrategie und einer Bedürfnisanalyse erstellt namics das Detailkonzept mit einem Phasenplan für Realisierung, Massnahmen zum Thema E-Communication sowie strukturierte Hinweise zu Organisation, Betrieb und Weiterentwicklung.

Design

Design steht bei namics im Dienst der Kommunikation. Komplexe Abläufe und Unmengen von Inhalten werden von den Designern übersichtlich und anschaulich dargestellt. Ein funktionales Design und eingängige Informationsarchitektur erleichtern die Navigation. Auch das Corporate Design wird auf den Internetauftritt des Kunden abgestimmt. Grafische Trends und junge Technologien finden Eingang in die dynamische Bildsprache, doch gilt stets der Grundsatz der Effizienz: Schönes darf nicht langsam oder ohne Informationsgehalt sein.

Technology

Technologie ist der Kern des Netzerfolges. Die namics Software-Ingenieure, Systemspezialisten und Web-Publisher erstellen Lösungen auf Basis der wesentlichen Internet-Technologien. Dabei wird eine breite Palette von Technologieplattformen unterstützt. Aus den Kundenbedürfnissen und der vorhandenen Technologie entwickelt und integriert namics die E-Business-Lösung.

1.3 Definitionen

1.3.1 Usability

1.3.1.1 Was ist Usability?

> *"The average site has 11 usability catastrophes (design elements that prevent users from completing tasks)."* [1]
>
> Jakob Nielsen, Alertbox

Usability macht Dinge einfach zu benutzen. Usability beschäftigt sich letztendlich mit der Intuition, Effizienz und der Erlernbarkeit des User Interfaces. Die Aufgabe liegt darin dem Benutzer das Erreichen einer ihm gestellten Aufgabe so einfach wie möglich zu machen (im Durchschnitt sind nur 42% aller User in der Lage, die ihnen gestellten Aufgaben auf einer nicht-Usability getesteten Seite zu erfüllen).[2]

Usability gilt für jeden Aspekt eines Interfaces mit welchem eine Person interagiert – Hardware, Software, Menüs, Icons, Nachrichten, Dokumentationen, Schulungen und Online-Hilfen. Jedoch auch in der Industrie spielt Usability eine wichtige Rolle.

Abbildung 2 – Usability in einem Auto, Cupholder vs. Autoradio

---

[1] http://www.useit.com/alertbox/980503.html
[2] vgl. Jared M. Spool (Hrsg.); Web Site Usability [Morgan Kaufmann Publishers, 1998]

Abgrenzung und Gegenstand

Wie in Abbildung 2 zu sehen ist, kann im Fall dieses Cupholders im Auto entweder das Radio bedient oder der Cupholder benutzt werden. Jede Design- und Entwicklungsentscheidung hat einen Einfluss auf die Usability eines Produkts.

1.3.1.2 Warum ist Usability wichtig?

Gute Usability hilft Unternehmen ihre Ziele zu erreichen, egal ob dieses Ziel der Online-Verkauf ist, die Bereitstellung eines Dienstes oder einer Information, oder nur die Erstellung einer *Subscription-Liste*. Beim Thema Usability dreht sich alles um die Zufriedenstellung der Benutzerbedürfnisse. Die Quintessenz ist: Wenn ein User etwas nicht benutzen kann, wird er dies auch nicht tun!

1.3.1.3 DIN-ISO-Norm 9241-11 Definition

Die Usability eines Produktes ist das Ausmass, in dem es von einem bestimmten Benutzer verwendet werden kann, um bestimmte Ziele in einem bestimmten Kontext effektiv, effizient und zufrieden stellend zu erreichen.[1]

---

[1] c't 2002, Heft 14, S. 182; Usability: klare Definition (Dem Surfer auf der Spur)

Definitionen

1.3.2 Accessibility

1.3.2.1 Was ist Accessibility?

Accessibility ist ein Teilbereich der Usability. Es ist die Art und Weise eine Webseite für jeden zugänglich zu gestalten. Einschränkungen bei Accessibility fallen in zwei grobe Kategorien:

1. Technische Einschränkungen
Es handelt sich dabei beispielsweise um die Art des Browsers und der Browserversion, das Betriebssystem und die Bandbreitenkapazität.

2. Benutzereinschränkungen
Hierbei handelt es sich um die Gewährleistung, dass Internet Seiten und webbasierte Anwendungen für alle Menschen zugänglich sind, ungeachtet ihrer Beeinträchtigungen, Behinderungen oder ihres Alters.

Die World Health Organization geht davon aus, dass es weltweit mehr als 750 Millionen[1] Menschen mit Behinderungen gibt. In Europa sind ein zehntel, annähernd 37 Millionen[2] Menschen behindert. In den Vereinigten Staaten sind allein etwa 10.4 Millionen[3] Menschen (etwa 4% der Bevölkerung) blind oder haben ein eingeschränktes Sehvermögen.
Die verschiedenen Arten von Behinderungen können in folgende Untergruppen klassifiziert werden:[4]

☐ Behinderungen des Sehvermögens; z.B. Farbblindheit, Sehschwäche oder Blindheit,

☐ Behinderungen des Hörvermögens; z.B. Taubheit,

---

[1] http://www-3.ibm.com/able/reasons.html
[2] http://europa.eu.int/comm/employment_social/general/news/001207_7_de.htm
[3] http://www.webaim.org/intro/intro3
[4] http://www.hamburg.de/Behoerden/BAGS/veroeffentlichungen/Behindertenratgeber.rtf

Abgrenzung und Gegenstand

- mimische und gestische Behinderungen; z.B. eingeschränkte Bewegungsfähigkeit,

- kognitive Behinderungen; z.B. Legasthenie,

- Behinderungen durch Anfälle; z.B. Epilepsie.

Jede dieser Gruppen hat spezifische Usability und Accessibility Probleme. Es hilft aber meist schon, wenn man die Zugänglichkeit für eine der genannten Gruppen verbessert. Daraus resultieren gewöhnlich auch Verbesserungen der Accessibility für alle anderen Benutzergruppen und Menschen mit Behinderungen.

1.3.2.2 Warum ist Accessibility wichtig?

> *"The power of the Web is in its universality. Access by everyone, regardless of disability, is an essential aspect."* [1]
> Tim Berners-Lee

Nach Tim Berners-Lee ist Accessibility der zentrale Schlüssel um das Web für jeden zugänglich zu machen. Es ist nahezu alltäglich, dass Usern der Zugang zu Internetangeboten verwehrt wird, egal ob durch technische Zwänge wie das Fordern von speziellen Browser-PlugIns wie zum Beispiel Flash, Browser-Versionen oder Verbindungsgeschwindigkeiten ins Internet oder durch nicht zugängliches Design wie beispielsweise Schriften die nicht vergrössert werden können (Sehgeschädigten fehlt so die Möglichkeit die Schriftgrösse an ihre Bedürfnisse anzupassen). Auch Inhalte, die von Sprach-Browsern oder anderen *Assistive Technologies* nicht wiedergegeben werden können oder das Fehlen von alternativem Text für Audio-Dateien stellt ein Hindernis dar.

---

[1] Leiter des W3C und Erfinder des World Wide Web (WWW)

1.3.3 Flexibility und Compatibility

> *"If you want to design a page that will work in any browser, then it's either going to be big, clunky, or crap."* [1]
> Mike Slocombe

Applikationen aber auch Internet Auftritte werden mit dem Ziel vor Augen entwickelt, dass sie auch mit anderen Geräten oder auf anderen Systemen ohne Veränderungen funktionieren.

Im Web-Design bedeutet dies Cross-Browser- und Cross-Platform-Kompatibilität – wichtig hierbei ist dass die Webseite auf einer Vielzahl von Browsern anschaubar und funktionell ist, und auf verschiedenen Betriebssystemen wie Windows, Macintosh oder Linux funktioniert.

Aufgrund von inkonsistenter Funktionalität und Unterstützung von Standards bei den einzelnen Browsern bzw. Browser-Versionen, ist es sehr oft frustrierend eine Cross-Browser kompatible Seite zu erstellen, da es sehr zeit- und ressourcenintensiv ist.

In den Tabellen im Anhang (siehe Seite 190-196) ist zu sehen, welche Fülle von Browsern bzw. Useragents heute zu bedienen ist und was sie vermögen. Es ist hierbei aber nicht sichergestellt, dass ein und dieselbe Browser-Version auf jedem Betriebssystem gleich funktioniert und der Inhalt gleich aussieht.

---

[1] Mike Slocombe; Max Hits, Building & Promoting Successful Websites [Rotovision, 2002]

Abgrenzung und Gegenstand

1.3.4 Digital Divide

> *"The term digital divide refers to the gap between individuals, housholds, business, and geographic areas at different socio-economic levels with regard both to their opportunity to access information and communication technologies (ICTs) and to their use of the Internet for a wide variety of activities"* [1]
>
> OECD[2], 2001

Der Ausdruck 'Digital Divide' oder 'Digitale Kluft' bezeichnet den Zustand der Teilung der Welt in zwei Gruppen, zum einen Menschen, die Zugang zu modernen Informationstechnologien haben. Zum anderen solche, die nicht die Möglichkeit besitzen diese Technologien zu nutzen. In den Bereich dieser Technologien fallen zum Beispiel Telefon und Fernsehen, aber eben auch das Internet. Die 'Digitale Kluft' existiert nicht nur zwischen Bewohnern von Städten und denen von Vororten oder 'Ghettos', es gibt auch ein Technologiegefälle von West nach Ost und von Nord nach Süd. Eine 1999 von der *'Organisation for Economic Cooperation and Development (OECD)'* erstellte Studie besagt, dass 86% aller Internetdienstleistungen an die 20 grössten Städte geleistet werden. Nicht zu vergessen die Unterschiede zwischen Gebildeten und Ungebildeten, unterschiedlichen Religionen und den Geschlechtern.

---

[1] http://www.oecd.org/oecd/pages/documentredirection?paramID=2435&language=EN&col=OECDDCoreLive
[2] http://www.oecd.org

Definitionen

1.3.5 eGovernment

eGovernment umfasst die Unterstützung der Beziehungen, Prozesse und der politischen Partizipation innerhalb der staatlichen Stellen sowie zwischen den staatlichen Stellen und all ihren Anspruchsgruppen wie beispielsweise Bürger, Unternehmen und Institutionen durch die Bereitstellung entsprechender Interaktionsmöglichkeiten mittels elektronischer Medien bzw. dem Internet.[1]

Der Begriff eGovernment besteht aus zwei Dimensionen: dem regulierenden e-Government, d.h. der Gestaltung der Rahmenbedingungen für die Informationsgesellschaft (eGovernance, ePolicy) sowie dem partizipierenden eGovernment, bei welchem die öffentliche Hand als Anwenderin der Informations- und Kommunikationstechnologien im Dienste effizienter Verwaltungs- und Geschäftsprozesse auftritt.

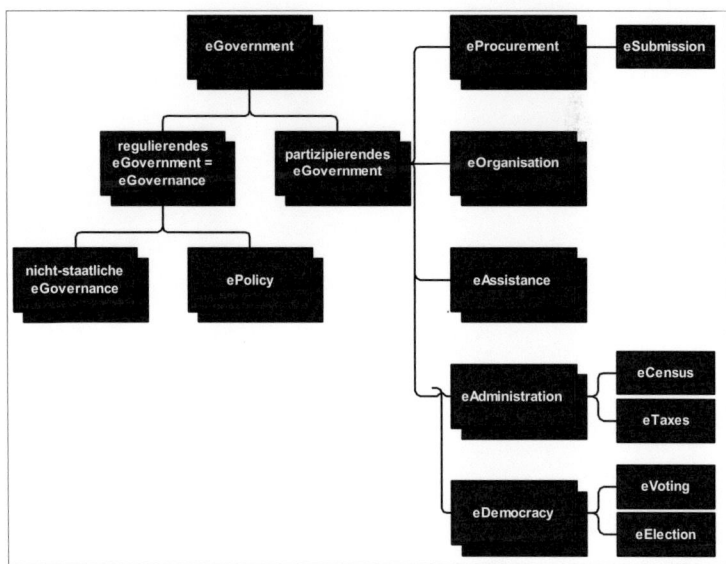

Abbildung 3 – Begriffshierarchie eGovernment; *Quelle: http://glossar.iwv.ch*

---

[1] vgl. eGovernment Strategie des Bundes, S. 2 [ISB, 2002]

Abgrenzung und Gegenstand

---

eGovernment ist ein umfassender Begriff, welcher das Beschaffungswesen (eProcurement), die interne Organisation (eOrganization) und die Interaktion mit den Anspruchsgruppen (Bürger, Unternehmen, Kunden, andere staatliche Stellen – eAssistance, eAdministration, eDemocracy) beinhaltet.

2 Die Accessibility Theorie

Das World Wide Web (WWW, oder auch 'das Web') hat schon lange nicht mehr den Ruf die *'Killer Applikation'* des Internets zu sein. Was zunächst als Schlupfloch der Computer Gurus galt, ist heute ein wichtiger Teil der Gesellschaft. Das Web ist zu einem Medium geworden, das jeder haben und nutzen sollte, da es aus der wichtigsten Grundlage des nächsten Jahrtausends besteht: Informationen. Wie können jedoch Informations- und Kommunikationsdienstleistungen im Internet für jeden Menschen zugänglich und benutzbar gemacht werden?[1]

Mit der Gründung der Web Accessibility Initiative (WAI, gesprochen 'way') im April 1997 wurde deutlich, dass es zu einer wichtigen Direktive des World Wide Web Konsortiums werden würde darauf zu achten, dass das Web, egal ob man einen Teil erst entwickelt oder nur redesigned, auch für Menschen mit Behinderungen zugänglich sein müsse.

"Worldwide, there are more than 750 million people with disabilities. As we move towards a highly connected world, it is critical that the Web be usable by anyone, regardless of individual capabilities and disabilities. The W3C is committed to removing accessibility barriers for all people with disabilities – including the deaf, blind, physically challenged, and cognitive or visually impaired. We plan to work aggressively with government, industry, and community leaders to establish and attain Web accessibility goals." [2]

Stellt man sich vor man sei eine Person mit einer Behinderung, dann ist ohne Zweifel das Web für den Behinderten genau so wichtig wie für den normalen Nachbarn oder Arbeitskollegen.

---

[1] vgl. Ben Shneiderman; Pushing human-computer interaction research to empower every citizen – Universal Usability
[2] Tim Berners-Lee in seiner WAI Gründungsrede

Die Accessibility Theorie

Man kann jedoch argumentieren, dass das Web für einen Behinderten ungleich wichtiger ist. Man stelle sich beispielsweise einen Blinden oder Gehbehinderten vor, der nur mit Hilfe Fremder das Haus verlassen kann oder nur sehr schwer transportiert werden kann. Diese Person möchte die Tageszeitung lesen oder im nächsten Weinladen einen guten Tropfen kaufen. Kleines Problem! Also surft der Behinderte zu www.meinwein.de und bestellt sich dort das gewünschte Weinsortiment und bekommt dies direkt nach Hause geliefert. Und das alles ohne das Haus zu verlassen. Das Web hat sich dahingehend entwickelt, dass man solche und noch viele andere Dinge schnell und sicher erledigen kann.

Worin liegt das Problem? Ganz einfach: An den Stellen des Webs, an denen Accessibility und Usability ein Problem darstellen, sind Menschen ohne Behinderung klar im Vorteil gegenüber Menschen mit Behinderung. Für uns einfache Aufgaben im Web wie lesen, suchen und kaufen sind oft schwierig oder in manchen Fällen auch unmöglich für Personen mit einer Behinderung. Viele Webseiten sind für einen Grossteil der Behinderten nicht zugänglich, insbesondere für Blinde, Taube oder Schwerhörige. Da das Web als interaktives Medium immer mehr an Interaktivität gewinnt, haben zum Beispiel Menschen mit physischen oder sprachlichen Behinderungen grosse Probleme mit Virtual Reality Systemen, die es erfordern sich zu bewegen oder zu greifen; oder beispielsweise Mensch-Computer Sprachsteuerungen die eine deutliche Aussprache erfordern.

Ein einfaches Beispiel zur Simulierung einer Behinderung ohne aufwändiges Installieren von Hardware oder Software ist folgendes: Man stellt das Laden von Grafiken und die Ausführung von Scripts in seinem Webbrowser aus (ein Blinder kann Grafiken nicht sehen und Scripts werden oft zur interaktiven Visualisierung verwendet, Beispiel DHTML) und surft auf diese Weise eine Stunde durch das Web. Durch die eigenen Favoriten, egal wohin. Und man sollte sich nicht nur die Startseite einer Präsenz anschauen. Man sollte ganz normal wie immer surfen, ein bis zwei Level tief in eine Webpräsenz hinein. Es ist extrem schwer, sich auf diese Weise zurecht zu finden. Die meisten Seiten kümmern sich beispielsweise nicht

Definitionen

um die Implementierung der einfachsten blindenunterstützenden Massnahme, das ALT (alternative) Text-Attribut im HTML-Element IMG (Image). Das Ergebnis ist eine Webseite die extrem schwer zu navigieren ist, ganz besonders aber für Blinde. Wäre der ALT-Text vorhanden, würde er das Bild ersetzen und somit dem User die gleichen Informationen gewährleisten, die eine sehende Person wahrnimmt.

Wessen Fehler ist das aber? Der Fehler der Webprogrammierer, weil sie das Bedürfnis nicht erkannt haben? Der Fehler der Webdesigner, weil sie es versäumt haben sich mit bestehenden Accessibility-Standards für Design und Programmierung auseinander zu setzen? Der Fehler der Standardisierungs-organisationen, weil sie nicht von Beginn an Standards zur Accessibility des Internets und des Webs gefördert und implementiert haben? Der Fehler der Industrie, weil deren Fokus Gewinn und nicht Produkt-Usability ist? Der Fehler von Behindertenorganisationen und Herstellern von unterstützenden Technologien, weil sie nicht mit der schnellen Entwicklung Schritt halten können?

Schwerpunkt dieser Diplomarbeit soll aber nicht ein Fokus auf die Probleme sein, sie soll vielmehr die Lösungen der Probleme identifizieren und zeigen wie man sie umsetzen kann. Für viele bestehende Probleme sind bereits Lösungen vorhanden, in manchen Fällen gibt es jedoch noch keine. Gerade hier ist es das Ziel Verantwortungsbewusstsein aufzubauen, damit eine Lösung des Problems entwickelt werden kann.

Die Accessibility Theorie

2.1 Accessible Web Sites

Im Grunde genommen bedeutet Web-Accessibility, dass Menschen Web-Inhalte in gleichem Masse erreichen und nutzen können wie Dinge im alltäglichen Leben, so zum Beispiel Email im Web und Papierpost im Alltag. Es gilt, Webseiten so zu gestalten und zu designen, dass die User hinsichtlich ihres Wissens und ihrer Bedürfnisse mit der Seite interagieren können. Wie schon erwähnt ist der Fokus von Accessibility, den Zugang zum Medium Internet für Behinderte zu erleichtern. Die weitreichenderen Folgen von Accessibility liegen eindeutig auch auf Seiten der nicht Behinderten. Ziel ist jedem die Möglichkeit zu bieten, auf die Informationen des Internets zugreifen zu können. Was für einige Menschen ein 'nice to have' Feature sein kann, ist für einen ganz anderen Personenkreis vielleicht ein essentieller Bestandteil um das Internet nutzen zu können.

Es wird nun versucht, den Bogen zwischen Web-Accessibility und der Usability von Webseiten allgemein zu spannen. Dabei sollen die Vorteile von Accessibility aufgezeigt werden.

2.1.1 Synergie zwischen Accessibility und Usability

Accessibility ist ein Teilbereich der Usability. Im Grunde genommen bedeutet Usability, ein effektives, effizientes und zufrieden stellendes User Interface zu gestalten. Wichtig hierbei ist:

- **Lernbarkeit**: Können Besucher die Webseite bei ihrem ersten Besuch effektiv nutzen ohne sofort frustriert zu sein?

- **Einprägsamkeit**: Können sich die Nutzer der Seite bei einem erneuten Besuch daran erinnern, wie die Funktionen der Seite zu nutzen sind?

☐ **Effektivität**: Können die Besucher der Seite einfach durch die Präsenz browsen? Wissen sie intuitiv was sie als nächstes tun können, verstehen sie den Inhalt der einzelnen Seiten? Ist das Design der Seite einheitlich und vorhersehbar?

☐ **Effizienz**: Findet der User was er sucht und kann er sein Ziel in einem vernünftigen Zeitraum erreichen?

☐ **Zufriedenstellung**: Haben die Besucher der Webseite ein gutes Gefühl wenn sie die Präsenz nutzen? Werden Sie wieder kommen und das Angebot erneut benutzen? Wird der Inhalt effektiv präsentiert?

Diese Elemente der Usability sind essentieller Bestandteil der Accessibility. Im Kontext der Usability bedeutet Accessibility ein Interface zu gestalten, das effektiver, effizienter und zufrieden stellender ist, für ein grösseres Zielpublikum, die breite Masse, in den unterschiedlichsten Situationen. Zufriedenheit muss aber nicht unbedingt direkt mit Accessibility in Zusammenhang stehen. Accessibility bedeutet vielmehr, Webseiten wahrnehmbarer, bedienbarer und verständlicher zu machen.

2.1.2 Usable Accessibility

Das Konzept von Accessibility steht in engem Zusammenhang mit Usability. In der Praxis wird dies meist nicht beachtet. Aufgrund von Regelungen wie die der Web Accessibility Initiative und Gesetzen wie die Section 508 in den USA wurden viele Designer und Entwickler in der Vergangenheit getrimmt, Standards und Richtlinien umzusetzen. Dies bedeutet meist eine nur technische Umsetzung die zu Lasten der Interaktion zwischen Benutzer und Produkt geht. Ein gutes Beispiel dafür sind frühe 'Assistive Technologies' wie Screen Reader oder aber Webseiten, die lediglich streng nach den Richtlinien speziell für Behinderte programmiert wurden. Einerseits waren sie zwar für einige zugänglich, andererseits musste man ein klares Fehlen der angestrebten Benutzbarkeit bemerken.

Die Accessibility Theorie

Ein einfaches Beispiel für das 'bestehen' eines Accessibility-Tests sind die ALT-Attribute bei Grafiken. Hier kann alternativer Text bereitgestellt werden. es liegt jedoch in der Verantwortung jedes einzelnen, vernünftigen Inhalt zur Verfügung zu stellen. Der Text des ALT-Attributs muss deshalb aussagekräftig sein, um bei zum Beispiel abgeschalteten Grafiken zu funktionieren und den Inhalt der Grafiken bzw. deren Funktion wieder zu geben.

2.1.3 Beispiel für Web Accessibility

Ein Grossteil der Tools um Accessibility Richtlinien zu testen beschränkt sich auf die technischen Aspekte der Regeln. Diese sind einfacher zu verstehen, zu messen und zu überprüfen. Ein solcher Aspekt sind die Textalternativen für Grafiken; eine weit verbreitete aber auch sehr wirksame Möglichkeit Accessibility im Web zu bieten.

Webseiten beinhalten oft Grafiken, viele User können diese aber gar nicht sehen. Einige Besucher der Webseite sind vielleicht blind und nutzen einen Screen Reader um den Text auf einer Webseite sich laut vorlesen zu lassen. Andere haben Grafiken in ihrem Browser abgeschaltet, möglicherweise weil sie eine langsame Internetverbindung haben. Wieder andere arbeiten vielleicht mit einem Handheld-Gerät, welches keine Grafiken anzeigen kann.

Es gibt unterschiedliche Möglichkeiten wie ALT-Text von verschiedenen Browserkonfigurationen dargestellt wird:

☐ ALT-Text wird angezeigt, wenn man mit der Maus über die Grafik fährt,

☐ ALT-Text wird angezeigt, wenn die Grafiken nicht geladen werden,

☐ ALT-Text wird vorgelesen, wenn ein Screen Reader verwendet wird.

Day Outlook	Mon ☀	Tues ☀	Wed ☁	Thur rain	Fri ❄
High (°C)	25°	20°	15°	10°	5°
Low (°C)	15°	10°	5°	0°	-5°

Abbildung 4 – ALT-Text wird in einem PopUp dargestellt, wenn man mit der Maus über die Grafik fährt *(Beispiel: Internet Explorer)*

Day Outlook	Mon sunny	Tues partly cloudy	Wed (IMAGE)	Thur rain	Fri snow
High (°C)	25°	20°	15°	10°	5°
Low (°C)	15°	10°	5°	0°	-5°

Abbildung 5 – ALT-Text wird bei nicht geladenen Bildern dargestellt; fehlt das ALT-Attribut, wird nur 'IMAGE' angezeigt *(Beispiel: Opera)*

Day Outlook	Mon	Tues	Wed	Thur	Fri
High (°C)	25°	20°	15°	10°	5°
Low (°C)	15°	10°	5°	0°	-5°

Outlook
[sunny]
[partly cloudy]
[Image with no ALT text: images/weather/cloudy.gif]
[rain]
[snow]
High (°C)

Abbildung 6 – Darstellung des ALT-Textes in einem Screen Reader; alternativer Text wird vorgelesen, fehlt der alternative Text fehlt auch die Information *(Beispiel: IBM Homepage Reader)*

Die Abbildungen zeigen, dass ohne ALT-Text die Nützlichkeit und Usability der Seite für Nutzer ohne die Möglichkeit Grafiken anzuzeigen drastisch sinkt. Mit beschreibenden ALT-Attributen ist die Seite hingegen gleichermassen nutzbar, egal ob mit oder ohne Grafiken.

Die Accessibility Theorie

ALT-Text wird primär mit blinden Internetnutzern und Screen Readern in Verbindung gebracht. Dies ist in jedem Fall ein Anwendungsbeispiel. Es zeigt sich aber auch, dass dieser ALT-Text sehr wohl auch für nicht behinderte User sehr nützlich sein kann, so zum Beispiel für User mit einem Handheld oder PDA. ALT-Text unterstützt somit auch die Accessibility aller Nutzer, sei es als Platzhalter während des Grafikdownloads oder nur als zusätzlich beschreibendes Element beim Mouse-Over.

Die Tatsache, dass Accessibility auch für Menschen ohne Behinderung einen Nutzengewinn darstellt, ist eines der Probleme bei der Unterscheidung von Usability und Accessibility.

2.1.4 Unterschiede zwischen Usability und Accessibility

Beim Design einer Webseite ist es nur selten ratsam, zwischen Usability und Accessibility zu unterscheiden. Die folgenden Probleme stellen die Unterschiede zwischen Usability und Accessibility dar:

- Usability-Probleme betreffen jeden Benutzer einer Webseite, ungeachtet seiner Möglichkeiten. Dies bedeutet, dass eine Person mit einer Behinderung durch Usability-Probleme nicht in grösserem Masse benachteiligt ist als ein User ohne Behinderung.

- Accessibility-Probleme stellen ein Hindernis dar in der Nutzung von Webseiten durch behinderte Menschen. Erfährt eine Person mit Behinderung im Vergleich zu einem normalen User Nachteile in der Nutzung, so spricht man von einem Accessibility-Problem.

Die Unterscheidung zwischen Usability und Accessibility ist besonders schwer, wenn es um kognitive und sprachliche Behinderungen geht. Überschneidungen zwischen Usability- und Accessibility-Designprozess zeigen aber die Synergien der beiden Bereiche.

2.1.5 Accessibility als Prozess

Ohne auf den formalen Prozess Umwelt und andere Nutzer Rücksicht zu nehmen, ist es die Regel, dass wir für uns selbst gestalten. Aus diesem Grund werden viele Webseiten heute von den Vorzügen, Möglichkeiten und der Umwelt des jeweiligen Designers bestimmt. Die Masse der Webdesigner ist jung, ohne Behinderung, Erfahren im Umgang mit Computern und sie wissen mit den neuesten Technologien umzugehen. Daraus folgt, dass dieses Nutzerprofil auch das ist, für welches ein Design entsteht.

Selbst wenn spezielle Nutzerprofile beachtet werden, wird die breite Masse nicht erfasst. Meist aus dem Grund mangelnder Kenntnis werden oft Behinderte, oder Menschen die in ungewöhnlichen Umgebungen arbeiten, nicht berücksichtigt.

Um möglichst alle Zielgruppen mit einem Design anzusprechen und niemanden auszuschliessen, muss von den Designern die grösst mögliche Zielgruppe und Umgebung in Betracht gezogen werden. Die Web Content Accessibility Guidelines (WCAG) weisen darauf hin, dass sich ein User in einem völlig unterschiedlichen Umfeld befinden kann, als das, in welchem sich der Designer möglicherweise befindet.

- Es ist möglich, dass der User nicht sehen, hören oder sich bewegen kann, oder aber nicht fähig ist, mit einigen Arten von Information zurecht zu kommen,

- Der User kann Schwierigkeiten haben Text zu lesen oder zu verstehen,

- Es können Schwierigkeiten bei der Benutzung von Maus und Tastatur auftreten,

- Der User kann einen Text-Browser oder einen kleinen Bildschirm verwenden, oder eine langsame Internetverbindung haben,

Die Accessibility Theorie

- Es besteht die Möglichkeit, dass der User die Sprache des angezeigten Dokuments nicht vollständig beherrscht,

- Der User kann sich in einer Situation befinden, in der seine Augen, Ohren oder Hände abgelenkt oder beschäftigt sind, zum Beispiel im Auto auf der Fahrt zur Arbeit oder wenn der User in einem lauten Umfeld arbeitet,

- Der User arbeitet mit einer alten Browserversion, einem komplett anderen Browser als dem Standard, einem Sprachbrowser oder einem anderen Betriebssystem.

Werden diese genannten Umstände beim Design einer Webseite berücksichtigt, spricht man auch von 'inclusive design' (dies bedeutet nicht, dass allen Umständen die gleiche Wichtigkeit beigemessen wird. Es ist am besten, wenn man ein Design für die am meisten vorkommende Kombination erstellt, das aber flexibel genug ist, an die anderen Umstände angepasst zu werden.). Inclusive Design wird in Europa auch 'Design für Alle' genannt und ist auch unter dem Begriff 'Universal Design' bekannt.

2.1.6 Gut für die einen, notwendig für andere

Zu Beginn habe ich von Elementen der Usability gesprochen, die auch hinsichtlich Accessibility einen grossen Nutzen bringen. Aber auch die andere Sichtweise trifft zu. Die folgenden Accessibility Richtlinien der WCAG stellen auch einen Usability-Gewinn dar:

- **9.4**: Definieren Sie eine logische Tab-Reihenfolge für Links, Formular-Kontrollelemente und Objekte,

- **12.3**: Unterteilen Sie grosse Informationsblöcke wo angebracht in leichter zu handhabende Gruppen,

☐ **13.4**: Verwenden Sie Navigationsmechanismen in konsistenter Weise,

☐ **13.6**: Gruppieren Sie verwandte Links,

☐ **13.8**: Plazieren Sie aussagekräftige Information an den Anfang von Überschriften, Absätzen, Listen,

☐ **14.1**: Verwenden Sie für den Inhalt einer Seite die klarste und einfachste Sprache die angemessen ist,

☐ **14.3**: Verwenden Sie einen Präsentationsstil, der über alle Seiten hinweg konsistent ist.

Es wäre der Optimalfall, wenn alle Webseiten diese Richtlinien einhalten würden. Die eben genannten Punkte sind Aspekte der Usability, die in dieser Form aus den Web Content Accessibility Guidelines (WCAG) kommen. Sie sind also auch Accessibility Richtlinien.

Es ist oft schwer zwischen Usability und Accessibility zu differenzieren, besonders, wenn man speziell Richtlinien für Accessibility entwickeln möchte. Somit wird aber deutlich, dass Designaspekte, die der allgemeinen Usability dienen, für Accessibility notwendig sind.

2.1.7 Funktionelle und situationsbedingte Einschränkungen

Accessibility wird in der Regel mit Behinderungen in Verbindung gebracht. Deswegen hilft diese weitere Definition besser zu differenzieren:

Accessibility ist ein Qualitätsmerkmal einer Webseite, das es Usern erlaubt die Seite vollständig zu nutzen, zu navigieren und zu verstehen – selbst wenn der User unter erschwerten Umständen arbeiten muss.

Die Accessibility Theorie

☐ Accessibilitydesign soll **mehr User** eine Webseite **effektiver** in **mehr Situationen** nutzen lassen.

☐ Eine barrierefreie Website ist für **jeden Benutzer** mit **jedem beliebigen Browser** und **jeder beliebigen technischen Ausstattung** im **vollen Umfang zugänglich und nutzbar**.

Funktionelle Einschränkungen sind Behinderungen wie zum Beispiel Blindheit oder eingeschränkte Einsatzfähigkeit der Hände. Funktionelle Einschränkungen können folglich visuell, das Gehör betreffend, physisch oder kognitiv sein, wie zum Beispiel Sprach- oder Lernschwierigkeiten.

Situationsbezogene Einschränkungen beziehen sich auf die gegebenen Umstände, Umwelteinflüsse oder das benutzte Zugangsgerät. Diese Einschränkungen können jeden treffen, nicht nur Behinderte. Beispiele hierfür sind mobile Endgeräte und Einschränkungen der Geräte wie das Fehlen einer Maus; oder aber zwingende Umstände wie sie beispielsweise bei der Nutzung eines Computers in einem Auto vorkommen, Augen und Hände sind in diesem Fall nicht voll einsatzfähig.

Der Grossteil der gesetzlichen Forderungen nach Accessibility zielt auf die Nöte und Anforderungen behinderter Menschen. Versteht man die Vorteile von Accessibility für Menschen mit situationsbedingten Einschränkungen, so werden auch die Vorteile für die alltäglichen Benutzer deutlich und somit auch die Business Benefits von Accessibility.

> *"If we design a system that is truly universal and mobile, we will have created a system that is accessible to almost anyone with a physical or sensory disability."* [1]
> Vanderheiden, Henry

---

[1] User Interfaces for All [Lawrence Erlbaum Associates, 2001]

2.1.8 Gründe für Accessible Websites

Accessibility bringt Vorteile für Behinderte gleichermassen wie für nicht Behinderte. Folgende Motivationspunkte sollten beim Accessibilitydesign aber auch in Betracht gezogen werden:

- Einhaltung von Regelwerken und gesetzlichen Vorschriften,

- Kontakt zu einer breiteren Zielgruppe: Behinderte und Senioren,

- Umgang mit neuen Situationen: neue Zugangsorte, neue Endgeräte,

- besseres Design und Implementierung,

- Kosteneinsparungen,

- Imagegewinn, soziale Kompetenz, Verantwortung.

2.1.9 Exkurs – Vorgeschichte des Accessibility Bewusstseins

Web-Accessibility ist nichts Neues. Schon in den '90er Jahren gab es Informationen zu Web-Accessibility von Organisationen wie dem Trace Research and Development Center[1] oder Firmen wie IBM.[2] Die Stadt San José in Kalifornien hat im Jahr 1996 einen Standard für behindertengerechtes Webdesign erstellt und etabliert. Die Australian Standards for Accessible Web Design[3] (AUS) waren schon im Jahr 1997 online verfügbar.

Ebenfalls im Jahr 1997 wurde vom World Wide Web Consortium[4] (W3C) die Web Accessibiliy Initiative[5] (WAI) gegründet, und im Jahr 1999 wurden deren

---

[1] http://www.tracecenter.org
[2] http://www-3.ibm.com/able/accessweb.html
[3] http://www.lawlink.nsw.gov.au/lawlink.nsf/pages/aus_standards
[4] http://www.w3.org
[5] http://www.w3.org/wai

erarbeitete Richtlinien, die Web Content Accessibility Guidelines[1] (WCAG) in der Version 1.0 fertig gestellt.

Trotz dieser Bemühungen innerhalb weniger Jahre, gab es unter den Webdesignern und -entwicklern kein ausgeprägtes Accessibility-Bewusstsein. Das Bewusstsein stieg erst durch das Erscheinen von Fachartikeln in Zeitungen, themabezogenen Webseiten und dadurch, dass Accessibility zum Thema auf Konferenzen wurde.

Zwar war mittlerweile immer mehr über Web-Accessibility bekannt geworden, trotzdem wurde aber wenig in Sachen Umsetzung unternommen. Es gibt viele Gründe, weshalb Accessibility auf so vielen Webseiten nicht umgesetzt wurde. Dazu gehört primär der mangelnde Glaube and die Vorteile und die daraus resultierenden Business Benefits für ein Unternehmen. Aber auch Unternehmen die Accessibility verstanden hatten konnten ihr Ziel oft nicht umsetzten, meist aufgrund nicht vorhandener Ressourcen und technischer Anleitungen. Erst die jüngst eingeführten Gesetze und Bestimmungen haben zu einer Sensibilisierung auf dem Gebiet der Accessibility geführt.

---

[1] *http://www.w3.org/TR/WAI-WEBCONTENT*

2.2 Digital Divide – Die digitale Kluft

2.2.1 Probleme der Technologieverteilung in der Welt

> *"There's nothing worldwide about the World Wide Web."* [1]
> abc News

5% (1/20) der Weltbevölkerung sind online (siehe Tabelle 1), knapp 60% aller Internetnutzer leben in Nordamerika; Nordamerika stellt 5% der Weltbevölkerung. In Afrika gibt es knapp 14 Millionen Telefonanschlüsse, weniger als in Manhattan oder Tokio.[2]

Es besteht die Gefahr, dass in Entwicklungsländern aufgrund mangelnder Ressourcen die ökonomischen Vorteile der digitalen Revolution ungenutzt bleiben.

International Digital Divide

Bevölkerungsanteil mit PC und Internetzugang 2001	
Nordamerika	41%
Westeuropa	19%
Osteuropa	3%
Lateinamerika	3%
Asien/Pazifik	2%
Mittlerer Osten	1%
Afrika	0%
Weltweit	5%

Tabelle 1 – Digitale Kluft; *Quelle: Jupiter Communications*

Fehlt die Möglichkeit eines Zugangs zum Internet, haben Dienste wie eGovernment, eCommerce oder auch eLearning nur sehr geringe Chancen sich in der Welt zu etablieren und die Menschen nicht die Chance sie zu nutzen.

---

[1] *http://abcnews.go.com/sections/us/DailyNews/digitaldivide000722.html*
[2] *http://news.bbc.co.uk/1/hi/special_report/1999/10/99/info_rich_info_poor/472621.stm*

Die Accessibility Theorie

> *"In a fair society, all individuals would have equal opportunity to participate in, or benefit from, the use of computer resources regardless of race, sex, religion, age, disability, national origin or other such similar factors."* [1]
> ACM Code of Ethics

2.2.2 Unterschiede innerhalb von Nationen

Technologieunterschiede treten nicht nur zwischen einzelnen Nationen und Kontinenten auf, sondern es gibt sie auch innerhalb vieler Länder. In Indien, abgesehen von der neuen Software- und IT-Machtstellung, gibt es in über einer viertel Million Städten beispielsweise keinen einzigen Telefonanschluss.

Basierend auf Forschungen des demographischen Instituts Jupiter Communications[2], gibt es auch in den USA riesige Unterschiede in Sachen Internetnutzung, einerseits abhängig vom Einkommen, aber auch von ethnischer Herkunft und zwischen den verschiedenen Altersgruppen. 60% mehr 'Weisse Haushalte' sind Online im Vergleich zu den Afroamerikanischen Haushalten. Und die Senioren machen in den USA nur 16% der Internet-Nutzer aus.

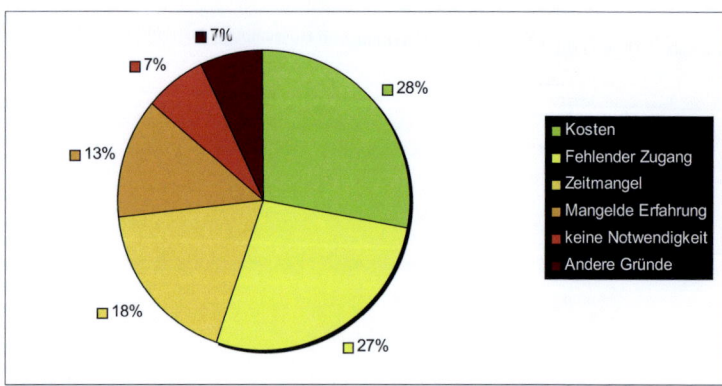

Abbildung 7 – Hindernisse beim Zugang zum Internet; *Quelle: http://cio-dpi.gc.ca*

---

[1] *http://www.acm.org/constitution/code.html*
[2] *http://www.jup.com*

Neben mangelnder Bildung, kulturellen Schranken, Nichtverfügbarkeit der notwendigen Technologien und Hardware, spielen auch die Kosten für den Zugang zum Internet immer noch eine gewichtige Rolle. 28% aller Nicht-Internet-Nutzer geben immer noch die hohen Kosten als Hinderungsgrund an (vgl. Abbildung 7).[1]

Die Bemühungen der letzten Jahre die Digitale Kluft kleiner werden zu lassen sind spürbar und spiegeln sich in den Zahlen der Umfragen wieder. Billigere Internetzugänge, freie Internetzugänge in Bibliotheken oder Gemeindezentren werden gefördert. Auch der mangelnden Erfahrung wird entgegengewirkt. In vielen Schulen werden die Kinder heute schon in frühen Jahren an das neue Medium herangeführt und Kommunen bieten Internetkurse für Senioren an. In den USA ist bereits eine Besserung ersichtlich.

Internet Nutzung in den USA

	Bevölkerung Online 1996	Bevölkerung Online 2001	Anteil Gesamt-Bevölkerung
Männlich	62%	49%	49%
Weiblich	38%	51%	51%
Haushaltseinkommen	$62'700	$49'800	$40'816
Erwachsene (18-49)	88%	76%	63%
Erwachsene (50+)	12%	24%	37%

Tabelle 2 – Veränderung der US Online-Bevölkerung 1996-2001; *Quelle: InsightExpress*

Wie deutlich zu erkennen ist, fand in den letzten 5 Jahren eine Verschiebung der Internetnutzung statt. Internet ist nunmehr nicht alleine eine Domäne der männlichen Bevölkerung, auch die Frauen nutzen das Internet immer stärker. Mittlerweile sind sogar mehr Frauen Online als Männer (51% Frauen vs. 49% Männer). Ebenso gab es Veränderungen beim Haushaltseinkommen der Internetuser. Lag das durchschnittliche Einkommen 1996 noch bei $62'700, wanderte dieser Wert innerhalb 5 Jahren immer näher an das Gesamt-US Durchschnittseinkommen von $40'816. Die $49'800 aus dem Jahr 2001 bedeuten eine Veränderung von ca.

---

[1] *http://www.cio-dpi.gc.ca/ig-gi/index_e.asp*

Die Accessibility Theorie

21%. Somit nimmt das Internet auch in die einkommensschwächeren Haushalte Einzug.

Die deutlichste Verschiebung in Sachen Internetnutzung verzeichnen aber die Zahlen der Online-Senioren. Waren 1996 nur 12% der über 50-jährigen Amerikaner online, sind es im Jahr 2001 bereits doppelt so viele gewesen.

Internet Nutzung in den USA

US Online-Bevölkerung Ende 2000	
Afroamerikaner	4.6 Millionen
Latein-Amerikaner	3.8 Millionen
Asia-Amerikaner	2.2 Millionen
Kinder (2-12 Jahre)	14 Millionen
Teenager	13 Millionen
Studenten	12 Millionen
Senioren (50+)	23 Millionen

Tabelle 3 – Anteile einzelner Bevölkerungsgruppen; *Quelle: Jupiter Communications*

Betrachtet man die einzelnen Bevölkerungsgruppen der USA wird auch hier die Digitale Kluft deutlich sichtbar. 10.6 Millionen Afro-, Latein- und Asia-Amerikanern stehen allein 62 Millionen Amerikaner im Alter von 2-25 und über 50 Jahren gegenüber. Dies zeigt eindeutig die einerseits nicht vorhandene Infrastruktur für die finanziell nicht betuchten und andererseits die mangelnde Bildung in diesen Bevölkerungsschichten.

Diese Zahlen belegen, welche Barrieren heutzutage überwunden werden müssen, damit Onlinedienste für jeden zugänglich werden und das Internet ein Medium der Massen werden kann.

2.2.3 Kontinentale Unterschiede und Gefälle

Man möchte gemeinhin glauben, dass das Technologiegefälle zwischen den USA und Europa heute nicht mehr so gewaltig ist wie vor einigen Jahren noch. Jedoch selbst innerhalb Westeuropas gibt es grosse Unterschiede zwischen den einzelnen Ländern.

Digital Divide – Die digitale Kluft

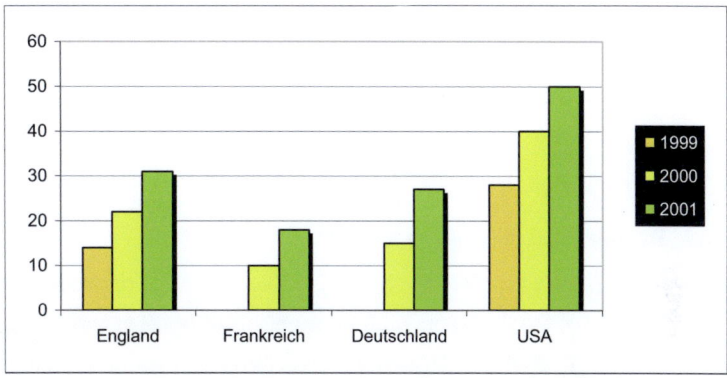

Abbildung 8 – Technologiegefälle in Westeuropa vs. USA; *Quelle: Computer Industry Almanac*

Vergleicht man die Länder England, Frankreich und Deutschland mit den Vereinigten Staaten, erhält man das erwartete Bild: Europa hinkt in Sachen Internetnutzung den USA um mindestens drei Jahre hinterher.

Was aber wesentlich eindrucksvoller und unerwarteter ist, sind die Unterschiede zwischen den Industriestaaten Europas untereinander. Man erkennt hier, dass Frankreich im Vergleich der drei westeuropäischen Länder erkennbar hinter Deutschland und England liegt.

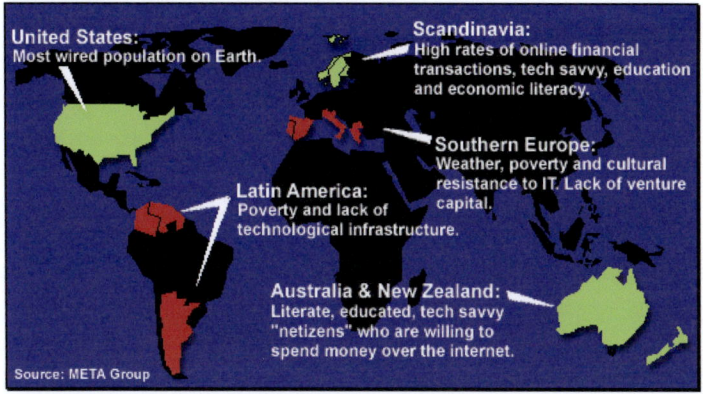

Abbildung 9 – Kontinentale Unterschiede in der Internetnutzung und ihre Ursachen; *Quelle: Meta Group*

Die Accessibility Theorie

Weltweit gesehen kann man die Technologieverteilung und die damit verbundene Nutzung des Internets so darstellen: Die einen haben das Geld und den Willen neue Technologien zu nutzen und umzusetzen, in den anderen Teilen der Welt fehlt einfach das Geld und die dazu nötige Infrastruktur um das Medium Internet attraktiv und konkurrenzfähig zu machen.[1]

2.2.4 Digitale Kluft bei Kids im Internet

Eine Trendstudie (Was machen Kinder im Netz: zu Nutzungsverhalten und Motivation der Online Kids) für das Jahr 2001 des Marktforschungsinstitutes iconkids & youth[2] aus Deutschland zeigt, dass auch immer mehr Kinder Zugang zum Internet haben. Bereits rund 42% der Sechs- bis Zwölfjährigen surfen im Internet. Im Vorjahr waren es erst 28%. Nach Geschlecht aufgeteilt, haben 45% der Jungen und 39% der Mädchen Zugang zum Internet.

Grösser ist jedoch der Unterschied bei Betrachtung des Bildungsstands der Eltern. So nutzen 37% der Kinder von Eltern mit einem Volks- oder Hauptschulabschluss das Internet. Haben die Eltern das Abitur oder sogar studiert, gehen deren Kinder zu 52% ins Internet. Die Marktforscher sehen hier einen verstärkten Trend zur Zwei Klassen-Gesellschaft.
Eine ähnliche Entwicklung wurde bereits in den USA festgestellt.

Noch grösser wird die digitale Kluft, wenn nur die Kinder berücksichtigt werden, die zu Hause über einen Internetzugang verfügen. 49% der Kinder aus Familien mit höherem Bildungsniveau haben Netzzugang. Bei den anderen sind es lediglich 26%.
An der digitalen Schere wird sich in absehbarer Zeit wahrscheinlich nichts ändern, da nur 16% der Kinder in der Schule das Internet nutzen können.

---

[1] *http://www.metagroup.com*
[2] *http://www.iconkids.de*

3 Forderung nach Accessibility

Spricht man von Accessibility, ist der erste Gedanke die Behindertentauglichkeit von Internetangeboten. Was für Behinderungen treten auf? Wie kann der Designer bzw. der Webprogrammierer mit seinen Mitteln Einfluss auf die Accessibility nehmen. Und um wie viele potentielle User handelt es sich, wenn man von den einzelnen Arten von Behinderungen spricht?

Im folgenden Kapitel werden nun Zahlen, Fakten und offizielle Statistiken aus Deutschland, der Schweiz und den USA die Notwendigkeit von Accessibility im Internet untermauern und erläutern.

3.1 Auftretende Behinderungen

Welche Behinderungen treten auf, für wen ist Accessibility im Internet wichtig? Wie Nutzen behinderte Menschen das Internet? Welche Hilfsmittel benutzen sie? Wie wirken sich diese Behinderungen aus?

3.1.1 Farbenblindheit und -sehschwächen

Es gibt drei verschiedene Arten von Farbblindheit. Die partielle Farbenblindheit tritt, vereinfacht dargestellt, in folgenden Formen auf:[1]

- **'Grünblindheit'** (*Deuteranopie*) – Grün wird nicht wahrgenommen. Der Grünblinde (*Deuterane*) hat mit Ausnahme der Dunkelrot-mit-Schwarz-Verwechslung die gleichen Probleme wie der rotblinde (*Protane*).

- **'Rotblindheit'** (*Protanopie*) – Rot wird nicht wahrgenommen. Dadurch treten folgende Verwechselungen auf: Rot mit Gelb, Braun mit Grün bzw.

---

[1] http://www.farben.com/wocdata/cont01/wissen.html

Forderung nach Accessibility

jede Farbe miteinander. Weiterhin Violett mit Blau und Dunkelrot mit Schwarz.

- **'Blaublindheit'** (*Tritanopie*) – Blau wird nicht wahrgenommen. Der '*Tritane*' verwechselt Rot mit Orange, Blau mit Grün, Grüngelb mit Grau sowie auch Violett und Hellgelb mit Weiss.

Die häufigsten Farbsinnesstörungen sind angeboren und werden geschlechtsgebunden vererbt, so dass deutlich mehr Männer (etwa 8% aller Männer) als Frauen (etwa 0.4% der Frauen) betroffen sind.[1]

Am häufigsten tritt eine Grünschwäche auf (50% der Fälle), gefolgt von Grünblindheit (25%), Rotblindheit (15%) und Rotschwäche (10%). Störungen im Blaubereich sind sehr selten, ebenso eine totale Farbenblindheit.[2]

Abbildung 10 – Die Arten von Farbenblindheit im Überblick

---

[1] *http:///129.27.179.6:8000/quanten/farbsicher.html*
[2] *http://www.m-ww.de/krankheiten/augenkrankheiten/farbsehstoerungen.html*

Auftretende Behinderungen

Die Abbildung zeigt von links oben nach rechts unten gesehen das Bild eines normal Sehenden, eines Grünblinden, eines Rotblinden und eines Blaublinden. Dabei fällt auf, dass die Grün- und Rotblindheit (gemeinläufig als Rot-Grünblindheit bekannt) sich ähneln und aufgrund ihrer Häufigkeit die am meisten beachtete und bekannte Sehschwäche darstellen.

Farbenblindheit kann als leichte Behinderung angesehen werden. Webdesigner sollten darauf achten, dass Farbe allein als Darstellungsmittel nicht ausreichend ist und Farben wie rot und grün oder blau und gelb nicht nebeneinander zur Unterscheidung von Informationen stehen sollten.

Es muss aber auch auf die Wertigkeit der Farbe geachtet werden wie das Beispiel von *www.diebauengineering.ch* (siehe auch Anhang Seite 197 und 198) beweist:

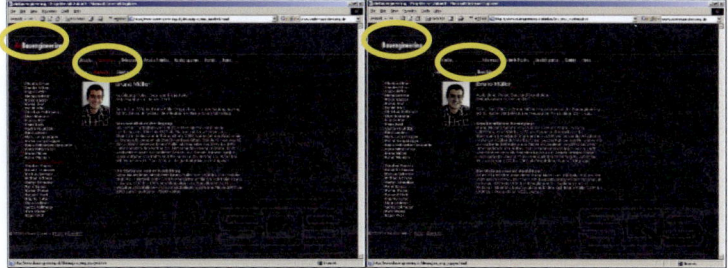

Abbildung 11 – *http://www.diebauengineering.ch* für Normalsichtige und rot-grün Blinde

In diesem Beispiel ist der rote Text für einen rot-grün Blinden nicht mehr oder nur sehr schwer wahrnehmbar.

3.1.2 Blindheit

Nicht-Sehende, immerhin ca. 1% der Bevölkerung weltweit[1], nutzen das Internet komplett anders als ein nicht Behinderter. Es werden in der Regel ein Screen Reader und eine Braille Zeile als Hilfsmittel verwendet.

Forderung nach Accessibility

Der Screen Reader (Software) fungiert als AddOn zum normalen Browser und liest den Inhalt einer Webseite vor. Dabei wird von links oben nach rechts unten vorgegangen, Klartext wird vorgelesen und kommen Grafiken in einer Webseite vor, so wird der alternative Text der Grafik ausgegeben.

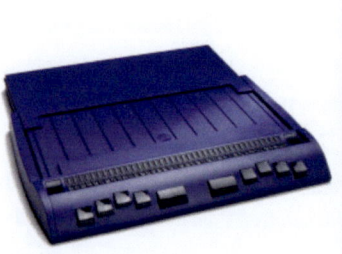

Abbildung 12 – Braille Zeilen

Die Braille Zeile (Hardware) wird unter oder vor die Tastatur gelegt. Sie stellt in Echtzeit die momentan aktuelle Cursorzeile für den Blinden in Braille Schrift dar. Je nach Modell kann sie dem Blinden auch als Eingabegerät dienen (siehe Abbildung 12, links).

Blinde User des Internet sind besonders auf die korrekte Gestaltung und Programmierung von Webseiten angewiesen. Die Richtlinien zur Erstellung von barrierefreien Webseiten der WAI werden in einem späteren Kapitel der Diplomarbeit behandelt.

3.1.3 Motorische Behinderungen

Ungefähr 3.7% der Bevölkerung haben Schwierigkeiten bei motorischen Aufgaben. Diese Behinderungen des Bewegungsapparates eines Menschen schränken beispielsweise exaktes Navigieren ein. Oft nutzen diese Menschen einen Computer mit Hilfe eines Joysticks oder ähnlichen Hilfsmitteln.

---

[1] *http://www.jceh.co.uk/journal/37_4.asp*

Auftretende Behinderungen

Abbildung 13 – Joystick für motorisch Behinderte zur Steuerung eines Computers

Menschen mit motorischen Behinderungen sind besonders auf eine gut navigierbare Webseite angewiesen. Inhalte sollten klar voneinander zu unterscheiden sein und nicht zu klein dargestellt werden.

Ein weiteres Hilfsmittel welches auch von Menschen mit Sehschwäche eingesetzt werden kann sind so genannte Magnifier. Sie stellen den Bildschirmausschnitt in vergrösserter Form dar. Solche Magnifier gibt es von verschiedenen Softwareherstellern, selbst Windows hat einen einfachen eingebauten Magnifier.

> Solche Magnifier gibt es
> ch Windows hat einen eingebautei

Abbildung 14 – Einfacher Magnifier von Windows

Forderung nach Accessibility

3.2 Statistiken, Zahlen und Fakten

3.2.1 Deutschland

Laut Statistischem Bundesamt[1] lebten zum Jahresende 1999 in Deutschland 6.6 Millionen schwerbehinderte Menschen; das waren rund 10.000 Menschen bzw. 0.2% mehr als Ende 1997. Somit ist in Deutschland jeder zwölfte Einwohner oder 8.1% der Bevölkerung schwerbehindert.[2]

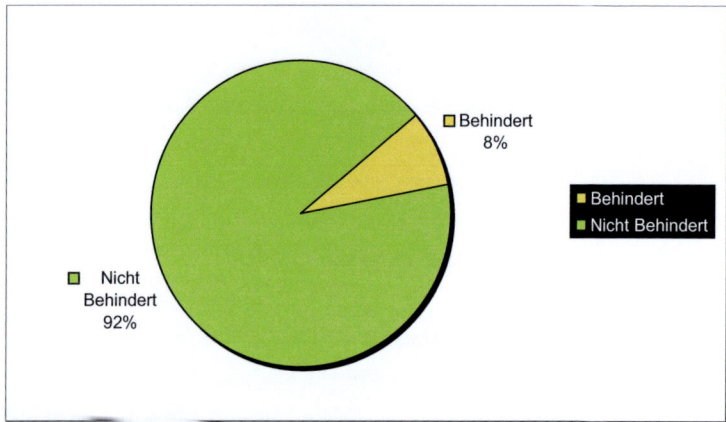

Abbildung 15 – Behindertenrate in Deutschland; *Stand 12/1999*

Da für die Bundesstatistik nur Personen als schwerbehindert gelten, denen die Versorgungsämter einen Grad der Behinderung von 50% und mehr zuerkannt haben, wird geschätzt, dass es insgesamt 8-10 Millionen schwerbehinderte Menschen in Deutschland gibt.

Knapp über die Hälfte, nämlich 53% der erfassten Schwerbehinderten, sind Männer.

---

[1] http://www.statistik-bund.de/
[2] http://www.schwerhoerigen-netz.de/schwerbehindertenstatistik.htm

50% sind 65 Jahre und älter, 24% gehören der Altersgruppe zwischen 55 und 65 Jahren an. Mit 23% nehmen die 18-55 jährigen einen fast gleich grossen prozentualen Anteil ein, stellen aber eine wesentlich grössere Bevölkerungsgruppe. Nur 2.5% der Behinderten sind Kinder und Jugendliche unter 18 Jahren.

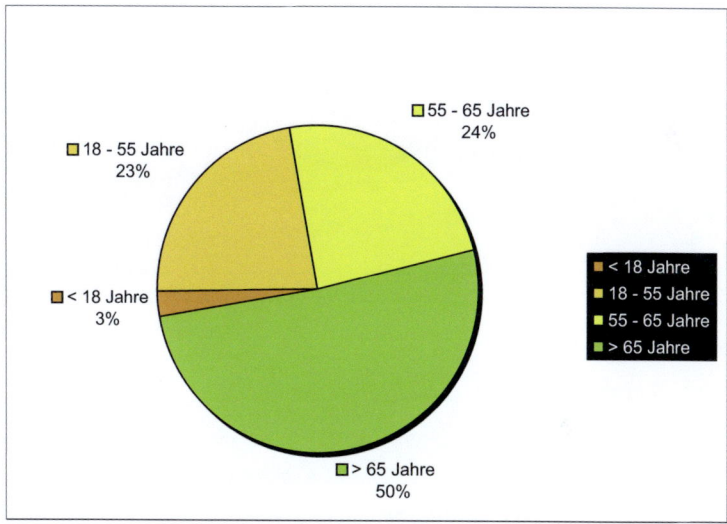

Abbildung 16 – Altersverteilung bei Behinderung in Deutschland; *Stand: 12/1999*

In den weitaus meisten Fällen (86%) wurde die Behinderung durch eine Krankheit verursacht. Bei 4.5% ist sie angeboren, bei 2.5% auf einen Unfall zurückzuführen.

Am häufigsten ist bei den Schwerbehinderten die Funktion der inneren Organe (26%) eingeschränkt; bei 13% sind es Wirbelsäule und Rumpf; 14% haben Einschränkungen der Arme oder Beine. Auf zerebrale Störungen entfallen 8%. In 5% liegen Blindheit oder Sehbehinderung vor.

Forderung nach Accessibility

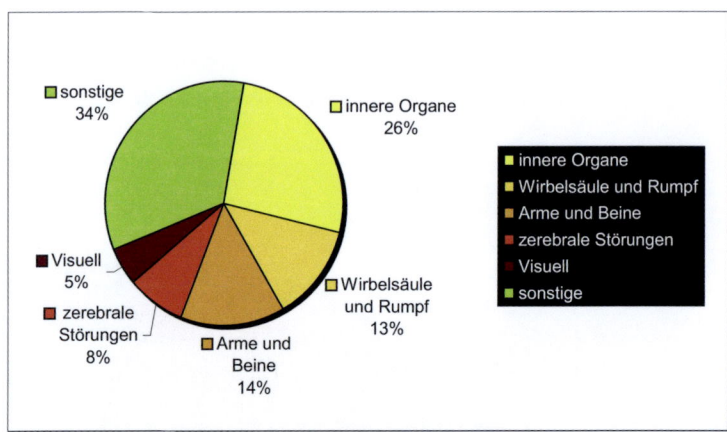

Abbildung 17 – Verteilung der auftretenden Behinderungen in Deutschland; *Stand: 12/1999*

3.2.2 Schweiz, EU, UNO

Wie viele behinderte Menschen leben in der Schweiz? Schätzungsweise sind es 500'000, die genaue Zahl ist nicht bekannt, denn es existiert bisher keine offizielle Statistik. Im Moment wird vom Schweizer Bundesamt für Statistik eine Erhebung zum Thema Behinderung durchgeführt, mit aktuellen Zahlen kann jedoch erst Ende 2002 gerechnet werden.

Das Bundesamt für Statistik verfügt nach eigenen Angaben über wenig und lückenhaftes Zahlenmaterial in Bezug auf behinderte Menschen. Die nationalrätliche Kommission für soziale Sicherheit und Gesundheit hat im Februar 1998 folgende Kommissionsmotion eingereicht:[1]

---

[1] *http://www.parlament.ch/afs/data/d/gesch/1997/d_gesch_19973393.htm*

Statistiken, Zahlen und Fakten

"*Der Bundesrat wird beauftragt, durch die Bundesämter für Sozialversicherung und Statistik und in Koordination mit den Projekten Nationalfonds NFP 8 Behinderte Menschen in der Schweiz den Aufbau einer schweizerischen Behindertenstatistik in die Wege zu leiten.*" [1]

T4 Permanente Behinderungen: Personen mit Behinderungen beim Hören, Sehen, Gehen und bei den Alltagsverrichtungen nach Geschlecht, 1997, in %

	Männer				Frauen				Total			
	15-64	65-74	75+	Total	15-64	65-74	75+	Total	15-64	65-74	75+	Total
Hören												
Ein bisschen behindert	2.9	12.6	15.8	4.6	1.8	8.2	15.1	3.8	2.3	10.1	15.4	4.2
Stark behindert	0.5	1.0	6.9	1.0	0.3	1.3	5.0	0.8	0.4	1.1	5.7	0.9
Sehen												
Ein bisschen behindert	2.9	4.7	10.9	3.5	2.6	8.0	13.1	3.9	2.7	6.6	12.3	3.9
Stark behindert	0.3	1.7	6.5	0.8	0.5	1.5	4.6	1.0	0.4	1.5	5.3	0.9
Gehen												
200 Meter oder mehr	99.1	93.9	90.1	98.1	98.7	94.2	83.0	96.7	98.9	94.1	85.6	97.3
weniger als 200 Meter / einige Schritte / kann nicht gehen	0.9	6.0	10.0	1.9	1.3	5.8	17.0	3.4	1.1	5.9	14.4	2.7
Alltagsverrichtungen												
kann alles ohne Schwierigkeit	99.5	97.6	94.9	99.1	99.3	98.7	95.7	98.9	99.4	98.2	95.4	99.0
kann nicht alleine ohne Schwierigkeit	0.5	2.4	5.1	0.9	0.7	1.3	4.3	1.1	0.6	1.8	4.6	1.0

Abbildung 18 – Gesundheitliches Wohlbefinden in der Schweiz; *Quelle: BFS; Stand: 07/1999*

Wie sich aus der Abbildung erkennen lässt stimmt die Schweizer Statistik mit den Zahlen aus Deutschland nahezu überein. Rund 5% der Bevölkerung haben eine Hörbehinderung, ebenso knapp 5% eine Sehbehinderung. 2.7% der Schweizer haben Probleme 200m und weniger aufgrund einer Behinderung zurückzulegen. Ein weiteres Prozent der Bevölkerung kann die alltäglichen Tätigkeiten nicht ohne fremde Hilfe verrichten.

---

[1] http://www.parlament.ch/afs/data/d/gesch/1997/d_gesch_19973393.htm

Forderung nach Accessibility

Im Jahr 1998 bezogen in der Schweiz 180'220 Personen eine IV-Rente. Eine Schweizer Studie benennt als behindert, wer sich im öffentlichen Verkehr ohne Hilfe nicht gefahrlos bewegen kann und kommt auf rund 500'000 Behinderte.[1] Die schweizerische Behindertenbewegung arbeitet mit dieser Zahl.

Die europäische Union nennt für ihre Mitgliedstaaten einen Behindertenanteil von 10-15%. Laut UNO Angaben sind rund 10% der Weltbevölkerung behindert.

3.2.3 USA

Das 'US Census Bureau'[2] hat im Jahr 2000 eine Statistik veröffentlicht[3], in der Bezug auf die Zahlen der Volkszählung 1997 genommen wird. In dieser Veröffentlichung wird von einer Behindertenquote von 18.7% der Bevölkerung im arbeitsfähigen Alter ausgegangen. Dies sind in den USA ca. 32.1 Millionen Menschen. Davon sind 8.7% schwerbehindert (14.9 Millionen), bei den anderen 10% handelt es sich um leichtere Behinderungen (17.2 Millionen). Das bedeutet, dass beinahe 20% der Bevölkerung im Alter von 15-64 Jahren eine Behinderung haben.

---

[1] vgl. Ernst Basler & Partner: Mobilitätsbehinderte im öffentlichen Verkehr, 1995
[2] *http://www.census.gov*
[3] *http://www.census.gov/hhes/www/disable/sipp/disab97/asc97.html*

Statistiken, Zahlen und Fakten

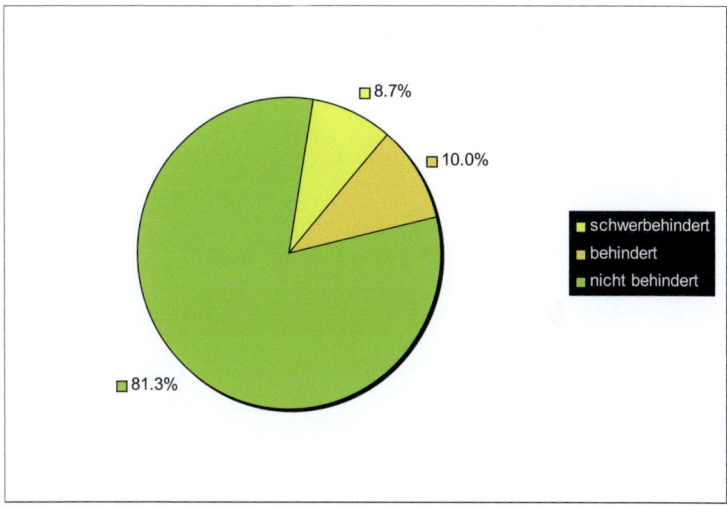

Abbildung 19 – Anteile der Behinderungsgrade in der US Bevölkerung; *Quelle: InfoUse*

In Sachen Blindheit gibt es auch in den USA keine genauen Zahlen. Es kursieren viele verschiedene Statistiken. Die 'offiziellen' Zahlen des Census Bureau definieren 120'000 Amerikaner als komplett blind, das ist eine Person von 2000. 600'000 US Bürger haben eine schwerwiegende Schädigung der Augen (einer von 417) und benötigen Hilfe von Fremden. 2.4 Millionen Amerikaner haben eine leichtere Sehbehinderung, das ist ein hundertstel der Bevölkerung. Dies sind keine Sehschwächen, die nur durch eine Brille behoben werden können. Dies sind Abstufungen von schweren Beeinträchtigungen der Augen.

Forderung nach Accessibility

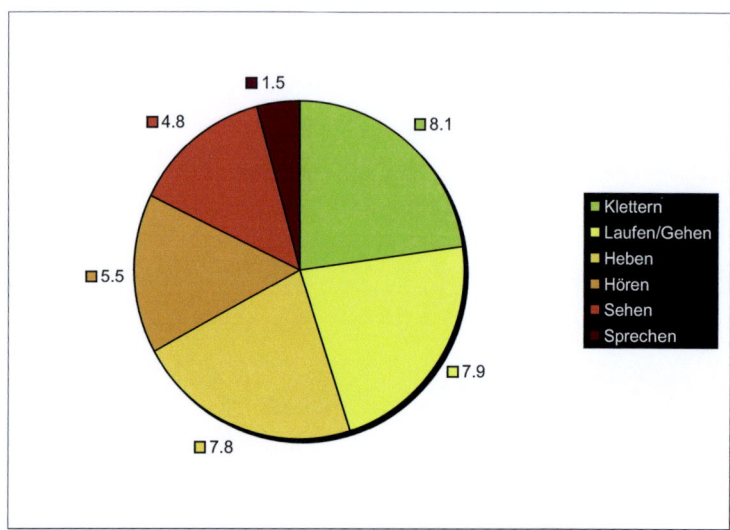

Abbildung 20 – Anzahl der Menschen in Millionen mit Problemen beim...; *Quelle: InfoUse*

Im Gegensatz zu diesen Zahlen spricht der 'Congressional Research Service'[1] und das 'Department of Health and Human Services'[2] von 4.3 Millionen Sehbehinderten.[3]
Und das 'President's Committee on Employment of People with disabilities'[4] nennt die Zahl 8.2 Millionen als Richtwert für Menschen mit Sehbehinderung.[5]
In einem Artikel im San Francisco Chronicle anlässlich der Unterzeichnung des ADA (Americans with Disabilities Act) wurden ebenfalls Zahlen vom 'National Center for Health Statistics' genannt. In diesem Artikel wird von nur 1.4 Millionen sehbehinderten Amerikanern[6] ausgegangen, was sicherlich zu wenig sind.

---

[1] http://www.loc.gov/crsinfo
[2] http://www.hhs.gov/
[3] http://www.helpinghands4theblind.com/
[4] http://www.pcepd.gov
[5] http://www.las-cruces.org/Administration/ada/
[6] http://codi.buffalo.edu/graph_based/.demographics/.statistics

Die Gesetze

3.3 Die Gesetze

"Niemand darf wegen seiner Behinderung benachteiligt werden." [1]

Seit einiger Zeit gibt es weltweit Gesetze, die Barrierefreiheit im Internet für behinderte Menschen vorschreiben. Amerika spielt auch in diesem Bereich die Vorreiterrolle. Wie gut sind die Gesetze in diesem Bereich und was bringen sie den behinderten Menschen? Was fordern sie bis zu welchem Zeitpunkt? Welchen Fokus stellen sie und auf welche Regelungen stützen sie sich?

Diese Fragen werden im folgenden Kapitel anhand der Gesetze bzw. Gesetzesentwürfe aus Deutschland, der Schweiz und den USA analysiert.

3.3.1 Deutschland – BGG – BITV

Seit dem 01. Mai 2002 ist in Deutschland das Gesetz zur Gleichstellung behinderter Menschen (Behindertengleichstellungsgesetz – BGG) in Kraft.

3.3.1.1 Das Gesetz

Das neue Gesetz wird Folgen für das Webdesign haben. Im Gesetzestext ist der relevante Paragraph:

> *"Rechtsverordnung, die nicht der Zustimmung des Bundesrates bedarf, nach Massgabe der technischen, finanziellen und verwaltungsorganisatorischen Möglichkeiten*
>
> > *1. die in den Geltungsbereich der Verordnung einzubeziehenden Gruppen behinderter Menschen,*

---

[1] vgl. Grundgesetz, Artikel 3, Abs. 3

Forderung nach Accessibility

> 2. die anzuwendenden technischen Standards sowie den Zeitpunkt ihrer verbindlichen Anwendung,
>
> 3. die zu gestaltenden Bereiche und Arten amtlicher Informationen.
>
> (2) Die Bundesregierung wirkt darauf hin, dass auch gewerbsmässige Anbieter von Internetseiten [...], die mit Mitteln der Informationstechnik dargestellt werden, durch Zielvereinbarungen nach § 5 ihre Produkte entsprechend den technischen Standards nach Absatz 1 gestalten." [1]

Die ausgeklammerten Textpassagen beziehen sich im Übrigen auf grafische Programmoberflächen (Software) sowie auf verwaltungstechnische Massgaben.

3.3.1.2 Die Verordnung

Zur Schaffung barrierefreier Informationstechnik nach dem § 11 Behindertengleichstellungsgesetz ist am 24. Juli 2002 die Barrierefreie Informationstechnik-Verordnung – BITV in Kraft getreten.

Die BITV regelt den sachlichen Geltungsbereich, die einzubeziehenden Gruppen behinderter Menschen und die Umsetzungsfristen für anzuwendende Standards. Auch wenn die formalen Bestimmungen nur auf bestimmte Einrichtungen des Bundes Anwendung finden, lassen sie sich doch für viele andere Organisationen nutzen.

Mit dem Behindertengleichstellungsgesetz wird eine klare Richtung vorgegeben, welche Behinderten das Recht auf Teilhabe auf allen gesellschaftlichen Ebenen gewährt.

Die Gesetze

Die Barrierefreie Informationstechnik-Verordnung wendet als technischen Standard die Web Content Accessibility Guidelines 1.0 (WCAG 1.0) aus dem Jahr 1999 an. Es gibt hierbei jedoch Punkte, die für Verwirrung sorgen:

- Die in der WCAG 1.0 aufgeführten 66 Richtlinien sind in drei Prioritätsstufen eingeordnet:
  - Priorität 1 mit einer Konformitätsstufe A,
  - Priorität 2 mit einer Konformitätsstufe AA,
  - Priorität 3 mit einer Konformitätsstufe AAA.

- Im BITV werden nur zwei Prioritäten unterschieden:
  - Priorität I, die die WCAG 1.0-Prioritäten 1 und 2 umfasst,
  - Priorität II, die der WCAG 1.0-Priorität 3 entspricht.

- Die veranlasste Übersetzung der WCAG ist nicht exakt, ausserdem wurde die Nummerierung aus den Original Guidelines nicht übernommen.[2]

3.3.1.3 Anwendung der Richtlinien

Um das Ziel des Gesetzes zu erreichen, den Zugang für Menschen mit Behinderungen grundsätzlich uneingeschränkt herzustellen, soll als Standard die Güteklasse AA auf Webseiten angewandt werden. Lediglich alte Seiten eines Angebots, die nicht mehr gepflegt werden, müssen diese Güteklasse nicht erfüllen.

Für die Startseite und andere zentrale Navigationsseiten eines Webangebots (Suche, Sitemap oder Übersichtsseiten) soll die Güteklasse AAA erreicht werden.

---

[1] Behindertengleichstellungsgesetz, Abschnitt 2, § 11 Barrierefreie Informationstechnik
[2] *http://www.barrierefreies-webdesign.de/download/BITV.rtf*

Forderung nach Accessibility

3.3.1.4 *Zeithorizont für die Anwendung*

Neue Seiten

Neue Seiten müssen ab dem 1. Mai 2002 der Güteklasse AA entsprechen. Dabei sind unter neuen Seiten alle Webseiten zu verstehen, die neu in ein Informationsangebot eingebracht werden. Auch bestehende Webseiten, die in veränderter oder angepasster Form ins Netz gestellt werden, sind als neue Seiten zu begreifen.

Neben den Seiten selbst müssen die Navigationswege zu der Seite innerhalb eines Jahres barrierefrei nach der Güteklasse A gestaltet werden. Empfohlen wird jedoch die Navigationswege nach der Güteklasse AA zu gestalten, welche ohnehin bis Ende 2005 erreicht sein muss.

Bereits erstellte Seiten

Für bereits erstellte Seiten ist die Güteklasse AA bis Ende 2005 zu erreichen. Solche Seiten, die für behinderte Menschen von besonderem Interesse sind wie beispielsweise Webseiten des Behindertenbeauftragten, sind bereits bis Ende 2003 in der Güteklasse AA herzustellen.

Von diesen Regelungen sind nur solche Seiten ausgenommen, die nicht mehr aktualisiert werden. Für diese Seiten muss lediglich die Güteklasse A bis Ende 2005 erreicht werden.

3.3.1.5 *Zusammenfassung*

Das Gesetz samt Umsetzung zeigt deutlich, in welche Richtung die Gestaltung von Webseiten innerhalb der öffentlichen Hand in Deutschland gehen wird. Zwar ist der Zeithorizont bis 2005 noch sehr weitläufig, da neue Seiten aber ab sofort barrierefrei zu gestalten sind, ist die Tendenz absehbar. Ebenso haben die in der Verordnung erstellten Richtlinien auch Empfehlungscharakter für die Privatwirtschaft und könnten daher eine Bewegung sowohl in der Wirtschaft als auch im privaten Bereich zum komplett barrierefreien Web in die Wege leiten.

3.3.2 Europäische Union

Die Europäische Union will behinderten und älteren Menschen den Zugang und Umgang mit dem Internet erleichtern. Es wurde eine entsprechende Resolution zur eEurope 2005 Initiative, von den für die Telekommunikation zuständigen Ministern der Gemeinschaft, am 25. März 2002 in Brüssel verabschiedet.

Wegen der technischen Hindernisse bei der Nutzung des Internets, seien es Informationen von Behörden, Fernunterricht wie eLearning oder das Internetshopping, wächst die Gefahr einer Ausgrenzung von Behinderten in der Europäischen Union.

> *"Wir wollen eine Gesellschaft, an der alle Bürger mit gleichen Chancen teilhaben."* [1]
> Erkki Liikanen

Die eEurope 2005 Initiative stellt neben Zielvereinbarungen zu Themen wie eGovernment, eHealth etc. auch eine Roadmap zur eAccessibility bereit. Weitere Ziele sind die Koordinierung der Gesetzeserlässe, die Einführung von Competence Centern und die Erstellung von europaweit geltenden Richtlinien für Designer und Entwickler in den Mitgliedsstaaten.

Zur Messung des Fortschritts wurde ein eEurope Benchmark eingeführt. Der Benchmark besteht aus einer Liste von 23 Indikatoren[2]. Wichtigster Indikator für den Kontext Accessibility ist Punkt 15 der Auflistung.
Hier wird der Prozentsatz von behördlichen Webseiten ermittelt, die den WAI Accessibility Richtlinien der Priorität 1 (Level A) entsprechen. Als zusätzlicher Indikator werden auch die WAI konformen Seiten mit Level AA und AAA ermittelt.

---

[1] EU-Kommissar Erkki Liikanen zur eEurope 2005 Initiative
[2] *http://europa.eu.int/information_society/eeurope/benchmarking/indicator_list.pdf*

Forderung nach Accessibility

Das Ergebnis des Benchmarks soll zur Einschätzung der Auswirkungen der eEurope Initiative dienen, die bereits erfolgten Aktivitäten und noch nötige aufzeigen und zukünftige Massnahmen herauskristallisieren.

3.3.3 Schweiz – BehiG

"Niemand darf diskriminiert werden [...] wegen einer körperlichen, geistigen oder psychischen Behinderung." [1]

In der Schweiz gibt es momentan zwei Bewegungen für ein Gesetz zur Integration behinderter Menschen.

3.3.3.1 Historie

Einerseits gibt es seit 1999 die Volksinitiative 'Gleiche Rechte für Behinderte', die 1995 vom Nationalrat Marc F. Suter mit dem Ziel, die Verfassung zugunsten der behinderten Menschen zu ergänzen, gegründet wurde. Aufgrund dieser Initiative tritt im Januar 2000 die neue Bundesverfassung mit dem Ziel der Gleichstellung behinderter Menschen (Diskriminierungsverbot, Art. 8 Abs. 2 und Benachteiligungen beseitigen, Art. 8 Abs. 4) in Kraft [2]

Im Juni 2000 schickt der Bundesrat einen Vorentwurf zu einem Bundesgesetz über die Beseitigung von Benachteiligungen behinderter Menschen in Vernehmlassung. Die Behindertenorganisationen begrüssen diesen Schritt, kritisieren jedoch gleichzeitig die Schwächen des Entwurfs.

Daraufhin präsentiert der Verein Volksinitiative 'Gleiche Rechte für Behinderte' im September 2000 seinen eigenen Entwurf für ein griffiges Gleichstellungsgesetz.

Im Dezember 2000 unterbreitet der Bundesrat dem Parlament seinen Entwurf zu einem 'Bundesgesetz über die Beseitigung der Benachteiligungen behinderter

---

[1] Bundesverfassung der Schweizerischen Eidgenossenschaft, Artikel 8
[2] http://www.agile.ch/Pages/d/dok_6gruende.htm

Die Gesetze

Menschen'. Dieses Gesetz ist als indirekter Gegenvorschlag zur Volksinitiative 'Gleiche Rechte für Behinderte' zu sehen.

Von Januar bis April 2001 wird der parlamentarische Entwurf von der Volksinitiative analysiert und es werden ausführliche Ergänzungsvorschläge unterbreitet. Im Oktober 2001 wird eine nur wenig veränderte Form des vom Bundesrat vorgelegten Entwurfs zum BehiG verabschiedet.

Für 2002 waren nun weitere Diskussionen, Differenzbereinigungen und Sitzungen sowie die Verabschiedung des BehiG durch den Nationalrat vorgesehen. Aufgrund der Differenzen ist es aber bis zum heutigen Tag noch nicht so weit gekommen. Ein Inkrafttreten des BehiG wird frühestens 2004 erwartet.[1]

3.3.3.2 Das Gesetz

Hinsichtlich barrierefreier Informationstechnologie enthält der Gesetzentwurf keinerlei Inhalte. Auf der einen Seite wird von der Volksinitiative wie in vielen anderen Bereichen auch, eine Verbesserung bzw. Hinzufügung für den Bereich des Internets gefordert, auf der anderen Seite enthält der momentan gültige Gesetzentwurf lediglich einen Paragraphen bezüglich des Fernmeldegesetzes.

> *"Die Dienste der Grundversorgung müssen so angeboten werden, dass Menschen mit Behinderungen sie in qualitativer, quantitativer und wirtschaftlicher Hinsicht unter vergleichbaren Bedingungen wie Menschen ohne Behinderungen beanspruchen können. [...]"* [2]

Ein Paragraph wie dieser wäre in Bezug auf barrierefreies Internet wünschenswert. Des Weiteren mangelt es an einem Rahmen, aus dem hervorgehen soll, für wen das Gesetz und die Verordnung gelten, und nach welchen Richtlinien die Umsetzung erfolgen soll.

---

[1] *http://www.lernwelten.ch/01handicapx/04/polit.htm*
[2] Behindertengesetz, Änderungen im Fernmeldegesetz

Forderung nach Accessibility

Organisationen wie Access-4-All[1] (Schweizerische Stiftung zur behindertengerechten Technologienutzung) fordern so schnell wie möglich Richtlinien wie die BITV sie in Deutschland festlegen.

3.3.4 USA

In den USA gibt es schon seit Anfang der 90er Jahre Bestrebungen, Informationstechnologien barrierefrei zu gestalten.

3.3.4.1 Historie

Schon 1990 wurde von dem damaligen US Präsidenten George Bush der 'Americans with Disabilities Act'[2] (ADA) unterzeichnet, welcher mit vielen Bestimmungen zum Vorteil von Behinderten, 1992 in Kraft getreten ist. Die Inhalte betrafen vor allem den Bereich der öffentlichen Einrichtungen sowie Telekommunikationsdienste.

1996 wurde erstmals gefordert, dass der ADA den Zugang und die Barrierefreiheit des Internets festlegen möge.
Daraufhin wurde im August 1998 die Section 508 des Rehabilitation Acts berichtigt und erweitert. Es sollte sichergestellt werden, dass der Zugang zu elektronischen Medien und Informationen für Mitarbeiter des Staates und für die Öffentlichkeit gewährleistet ist.

Die Section 508 fordert von Behörden, dass Informationen und Dienstleistungen in gleichem Masse behinderten wie nicht behinderten Menschen zur Verfügung stehen.[3]

---

[1] *http://www.access-for-all.ch*
[2] *http://www.usdoj.gov/crt/ada/adahom1.htm*
[3] *http://www.dpg-law.com/liability/WebPage_Law/Legal/508/history.shtml*

Die Gesetze

3.3.4.2 Das Gesetz

Die Section 508 spielt die eigentliche Vorreiterrolle in Sachen gesetzlich normierter Web Accessibility. Als erstes Gesetz seiner Art weltweit gelten die 1998 erstellten Richtlinien noch heute.

"Art. 1 Accessibility:

> *(i) Individuals with disabilities who are Federal employees to have access to and use of information and data that is comparable to the access to and use of the information and data by Federal employees who are not individuals with disabilities;*
>
> *(ii) Individuals with disabilities who are member of the public seeking information or services from a Federal department or agency to have access to and use of information and data that is comparable to the access ... who are not individuals with disabilities.*

Art. 2 Implementation/Review:

> *(i) Not later than 18 months after the date of enactment of the Rehabilitation Act Amendment of 1998, the [...], shall issue and publish standards setting forth.*
>
> *(ii) The Access Board shall periodically review and, as appropriate, amend the standards required to reflect technological advances or changes in electronic and information technology."* [1]

Da es bei der Umsetzung und Einhaltung des Gesetzes immer wieder zu Problemen kam, wurde 1998 das zuständige Access Board mit der Erstellung von Richtlinien beauftragt. Diese Richtlinien sollten bei der Umsetzung von Barrierefreiheit und bei der Einhaltung der Gesetzgebung helfen. Sie wurden im Mai 1999 fertig

---

[1] *http://www.section508.gov/index.cfm?FuseAction=Content&ID=14*

Forderung nach Accessibility

gestellt und im Frühjahr 2000 für Erweiterungen der Öffentlichkeit vorgestellt. Im Herbst 2000 schliesslich sind die Section 508 Standards in Kraft getreten.

Die Section 508 Standards sind etwas erweiterte WCAG 1.0 Richtlinien. Die ersten elf Richtlinien der Section 508 (§1194.22, Punkte (a)-(k)) stimmen mit den Priorität 1 Checkpunkten der WCAG 1.0 überein. Um Section 508 Standards zu entsprechen, müssen fünf weitere Richtlinien (Punkte (l)-(p)) eingehalten werden.[1]

Section 508 vs. WAI Guidelines

Section 1194.22 Paragraph	WCAG 1.0 Checkpunkt
(a)	1.1
(b)	1.4
(c)	2.1
(d)	6.1
(e)	1.2
(f)	9.1
(g)	5.1
(h)	5.2
(i)	12.1
(j)	7.1
(k)	11.4

Tabelle 4 – Vergleich der Section 508 Standards mit den WCAG 1.0 Checkpunkten

Die kompletten Section 508 Standards sind unter '*http://www.section508.gov/final_text.html*' zu finden.

---

[1] *http://www.section508.gov/index.cfm?FuseAction=Content&ID=12*

3.4 Accessibility bei grossen Konzernen

Die Gesetze belegen und fordern es. Accessibility wird nicht nur im Web gross geschrieben, sondern auch bei den Herstellern von Software. Nahezu jeder grössere Softwarehersteller, vor allem die Giganten der Softwarebranche legen gesteigerten Wert darauf.

Was sagen die einzelnen Hersteller genau zum Thema Accessibility? Haben sie Hinweise auf barrierefreie Webseiten? Eine kleine Untersuchung hinsichtlich ihrer Einstellung zu Accessibility soll Aufschluss bringen.

3.4.1 Microsoft

http://www.microsoft.com/enable

Microsoft bietet für nahezu jedes Produkt Accessibility Hinweise, Einstellungsmöglichkeiten und Step-by-Step Tutorials, sowie Accessibility-Training für Microsoft Produkte. Die Benutzbarkeit soll hauptsächlich Behinderten erleichtert werden.

Microsofts 'Commitment to Accessibility' bezieht sich ausschliesslich auf die Usability und Accessibility ihrer eigenen Produkte, nach den in den USA bestehenden Section 508 Standards. Einen Accessibility-Disclaimer für die Microsoft Webseiten sucht man hingegen vergebens, da beispielsweise die Navigation mit DHTML programmiert ist und dieses für einen Blinden von vornherein nicht zugänglich ist.

Auf der anderen Seite findet man in der MSDN Library[1] einen guten Artikel über Farbenblindheit.

---

[1] *http://msdn.microsoft.com/library/default.asp?url=/library/en-us/dn_voices_hess/html/hess10092000.asp*

Forderung nach Accessibility

3.4.2 Macromedia

macromedia what the web can be.
http://www.macromedia.com/macromedia/accessibility

Als einer der Top Hersteller für Webseiten-Entwicklungstools bietet Macromedia eine grosse Sektion auf ihren Webseiten an, bei der sich alles um Accessibility dreht. Für die Entwicklungstools Dreamweaver[1] und Dreamweaver UltraDev[2] stehen PlugIns zur Verfügung, welche auf Konformität mit den Section 508 Standards und den W3C WCAG Richtlinien überprüfen.

Es stehen verschiedene Templates für die Entwicklungstools zur Verfügung, die den Accessibility Richtlinien entsprechen. Des Weiteren bietet Macromedia kostenlose Accessibility-Tests an.
Zusätzlich wird ein komplettes HowTo, samt Tutorial und Erklärungen, zur Umsetzung der Section 508 Standards bereitgestellt.

3.4.3 Adobe

Adobe
http://access.adobe.com

Adobe bietet Accessibility-Hinweise für seine Produkte Acrobat und GoLife an. Des Weiteren engagiert sich Adobe beispielsweise in Zusammenarbeit mit dem W3C bei der Erarbeitung neuer Accessibility-Standards und mit Herstellern von Unterstützenden Technologien wie den Screen Reader Herstellern Freedom Scientific und Dolphin Computer Access.
Für das Entwicklungstool GoLife gibt es einen Validator[3] zum downloaden.

---

[1] *http://dynamic.macromedia.com/bin/MM/exchange/extension_detail.jsp?extOid=266562*
[2] *http://dynamic.macromedia.com/bin/MM/exchange/extension_detail.jsp?extOid=195842*
[3] *http://www.adobe.com/products/golive/ssb.html*

Accessibility bei grossen Konzernen

3.4.4 IBM

http://www-3.ibm.com/able

IBM hat ein 'Accessibility Center', in dem man von IBM spezifischen Lösungen wie dem IBM Homepage Reader, einem der besten Sprachbrowser auf dem Markt, bis hin zu Homepage Guidelines, Gesetzen und Section 508 Standards, alles findet.

IBM arbeitet in grossem Masse an behindertengerechten Technologien. Es werden für jede Art von Behinderung Technologien angeboten, welche die Arbeit am Computer erleichtern sollen.

3.4.5 SAP

http://www.saplabs.com/accessibility

In den SAP Labs gibt es ein 'Accessibility Competence Center', welches über Accessibility im Allgemeinen, sowie über die Accessibility der SAP Produkte informiert. Des Weiteren findet man viele Links zu Tools, Richtlinien und Gesetzen. Auch barrierefreie Softwareentwicklung ist ein Thema und wird für SAP R/3 Enterprise unter dem Namen Voluntary Product Accessibility Template[1] (VPAT) angeboten.

---

[1] *http://www.saplabs.com/accessibility/sapaccess/VPAT_R3_Enterprise.htm*

3.5 eGovernment

Im laufe der Zeit hat sich das eGovernment verändert. Es hat sich zu einer geschäftsähnlichen, kundenbezogenen und effizienten Dienstleistung gewandelt. eGovernment ist mittlerweile ein 24/7 Geschäftsmodell.

eGovernment stützt sich auf fünf Leitgedanken. Zum einen sollen Dienstleistungen nach Wahl des Bürgers zur Verfügung gestellt werden. Ein weiteres Anliegen ist die soziale Einbindung aller Bürger in das Staatsleben, und damit verbunden den Staat und seine Dienstleistungen einfacher zugänglich zu machen. Aufgrund des Mediums Internet an sich ist es wichtig, Informationen in vernünftiger Art und Weise zur Verfügung zu stellen. Schliesslich soll bei der Nutzung von IT und dem Gut Mensch ein effektiver und effizienter Weg gefunden werden, damit Staat und Bürger mit Hilfe des Internets besser in Kontakt treten können.

In den Anfängen wurde eGovernment als staatliches Äquivalent des eCommerce gesehen. eGovernment sollte dazu dienen Geld einzusparen und Informationen und Dienstleistungen effizienter dem Bürger (G2C; Government-to-Citizen) bzw. den Unternehmen (G2B; Government-to-Business) zur Verfügung zu stellen. Die nächste logische Erweiterung stellte die Verbindung von staatlichen Einrichtungen untereinander (G2G; Government-to-Government) dar, um Berichte und andere Transaktionen auszuführen.

Als Beispiele dafür können in Deutschland preisgekrönte Modellprojekte des eGovernment Wettbewerbs 2001[1] wie 'Bundesanstalt für Arbeit – Der virtuelle Arbeitsmarkt'[2] (G2C), 'Landesamt für Verbraucherschutz und Landwirtschaft Frankfurt/Oder – Agrarantrag Online'[3] (G2B) oder 'Datenzentrale Baden-Württemberg – Automatisierte Benachrichtigung von Meldebehörden'[4] (G2G) genannt werden.

G2C und G2B sind in einer teilnehmenden Demokratie aber bei weitem nicht ausreichend. Vielmehr sollte der Fokus auf G2C2G liegen, wobei der Bürger als zentrale Interessengruppe im Mittelpunkt steht und der Staat auf seine Anforderungen hört und reagiert. In einem solchen Szenario bilden Informationen, Dienstleistungen, Handel, die Gemeinschaft und Demokratie die neue Definition von eGovernment.

3.5.1 Stadien des eGovernment

Der Entwicklungsstand einer eGovernment-Unternehmung kann sehr einfach an der Masse der zur Verfügung gestellten Informationen und Dienstleistungen, sowie der verwendeten Technologie, gemessen werden.

---

[1] *http://www.verwaltung-der-zukunft.de/preistraeger.htm*
[2] *http://www.arbeitsamt.de/hst/markt/vam.html*
[3] *http://www.brandenburg.de/land/mlur/lelf/index.htm*
[4] *http://www.dzbw.de/e_government/e_buegerdienst.htm*

Forderung nach Accessibility

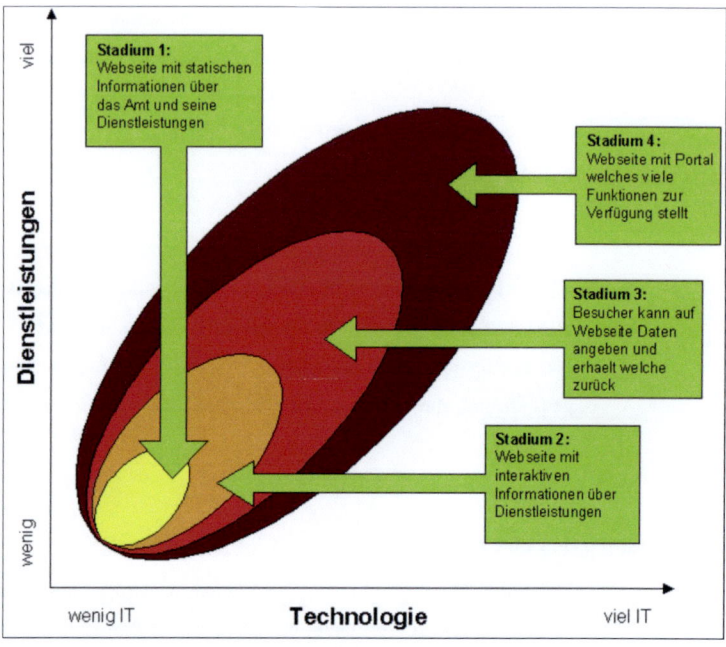

Abbildung 21 – Stadien des modernen eGovernment; *Quelle: The 24/7 Agency*

Rein statische Informationen bzw. wenig Interaktivität mit dem Besucher kennzeichnen die ersten beiden Stadien des eGovernment. Dies sind heutzutage gewöhnlicher Weise Webseiten von Gemeinden oder kleineren Städten. Transaktionen zwischen dem User und der Behörde finden heute meist auf grossen Stadt- oder Regierungsportalen statt (Stadium 3 und 4).[1]

Die Organisation 'United Nations Online Network in Public Administration and Finance'[2] (UNPAN), trennt das eGovernment sogar in fünf Bereiche bzw. Entwicklungsstufen.[3]

---

[1] *http://www.statskontoret.se/pdf/200041.pdf*
[2] *http://www.unpan.org*
[3] *http://www.unpan.org/e-government/stages.htm*

eGovernment

☐ Stufe 1 – **Emerging web presence** – Ein Land hat eine formal korrekte Webpräsenz, sie dient im Allgemeinen zur Information. Es stehen Informationen über Minister, Offizielle und Vertretungen bereit. Kontaktinformationen sind vorhanden, FAQ-Bereiche sind möglich.

☐ Stufe 2 – **Enhanced web presence** – Die Webpräsenz besteht aus vielen offiziellen Webseiten, die dynamischen und spezialisierten Informationen werden in den einzelnen Bereichen regelmässig erneuert. Eine offizielle Seite dient als Einstiegspunkt zu den Unterseiten von Ministerien und Ähnlichem. Publikationen der Regierung, Gesetze und Newsletters können geladen oder bestellt werden. Eine Suchfunktion ist verfügbar.

☐ Stufe 3 – **Interactive web presence** – Sie sind ähnlich aufgebaut wie die 'Enhanced web presences', aber wesentlich interaktiver. Besucher können spezielle Informationen ihren Wünschen entsprechend in Datenbanken abrufen. Es können Formulare geladen und ausgefüllt wieder übermittelt werden. Termine können Online gemacht werden; es gibt sichere Bereiche mit Passwort und verschlüsselte Übertragung auf der Webseite.

☐ Stufe 4 – **Transactional web presence** – Es können sichere Transaktionen wie die Beantragung von Visa, Pässen, Urkunden, etc. durchgeführt werden. Ein einziges Bundesportal erlaubt den Zugriff auf alle untergeordneten Bereiche, der Besucher kann das Portal seinen Wünschen entsprechend anpassen. Ausserdem können Rechnungen online bezahlt, die Steuererklärung online gemacht werden. Digitale Signaturen werden akzeptiert.

☐ Stufe 5 – **Seamless or fully integrated web presence** – Alle Dienstleistungen sind durch ein einziges Portal zu erreichen. Die Grenzen zwischen den einzelnen Ministerien, Fachbereichen und Behörden gibt es nicht mehr. Jede nur erdenkliche Transaktion zwischen dem Bürger und dem Staat kann online erfolgen.

Forderung nach Accessibility

Sicherlich ist eine solche Abbildung der Dienstleistungen eines Landes, wie in den Stufen vier und fünf, heute in den meisten Fällen noch nicht erreicht. Der Grossteil der eGovernment-Präsenzen findet sich in der Stufe drei wieder. In Zukunft wird es immer häufiger grosse Portale geben, welche auf die einzelnen untergeordneten Seiten verweisen werden. Es wird verstärkt zu einer *'big gov eats little gov'*[1] Entwicklung kommen.

Ein sich im Aufbau befindendes Portal ist das 'Dienstleistungsportal des Bundes'[2], das den schnellen Zugang zu allen behördlichen Informationen und Service-Angeboten der Verwaltung Deutschlands bietet.

Neue Schlagworte wie Private-Public-Partnership erweitern den klassischen eGovernment-Gedanken vom Amt im Netz.[3] Firmen mit grösserer Erfahrung in bestimmten Bereichen stellen dem User Dienstleistungen innerhalb von eGovernment-Angeboten zur Verfügung. Die Behörde muss sich in einem solchen Fall nicht mehr mit der Dienstleistung an sich auseinandersetzen, sie vermittelt diese lediglich.

3.5.2 Zugang zu Informationen

Besucherbezogene Inhalte sind der Schlüssel für ein gutes eGovernment. Inhalte müssen zeitgemäss, leicht zu finden, lesbar, verbindlich bzw. verlässlich und aktuell sein. Nur so gewinnt der Besucher Vertrauen zur öffentlichen Einrichtung im Internet, da die gewohnte Vertrauensperson in Form des Schalterbeamten fehlt.
Der Bürger ist in seinen Erwartungen bezüglich eGovernment sehr pragmatisch. Funktionalität ist wichtiger als Erscheinungsform und der Nutzen ist wichtiger als das Erscheinungsbild. Das Potential von eGovernment wird meist unterschätzt.

Die Zeitung Winniepeg News in den USA hat Anfang 2001 in einer Umfrage die Top 25 Erwartungen an das eGovernment[4] ermittelt.

---

[1] *http://www.access-egov.info/egov.cfm?id=politics&xid=MN*
[2] *http://www.bund.de*
[3] *http://www.tradepartners.gov.uk/public_private_partnership/private_finance_initiative*
[4] *http://www.smartwinnipeg.mb.ca/Newsletters/Issue1_3.htm*

Einige dieser 25 Tops können ohne grossen Aufwand realisiert werden. Informationen über Müllabfuhr, Strassenreinigung, Baustelleninformationen und Fahrpläne von öffentlichen Verkehrsmitteln rangieren unter den Top 10. Dienstleistungen und Transaktionen wie das Bezahlen von Strafzetteln befinden sich lediglich auf den Plätzen sechs und neun.

Nicht nur das Internet an sich stellt ein wichtiges Instrument für ein erfolgreiches und funktionierendes eGovernment dar, wie aus der folgenden Tabelle ersichtlich ist.

eGovernment Technologien

Service	Zielpublikum	Inhalte/Funktionen
Internet	Bevölkerung	Informationen, Transaktionen
Intranet	Angestellte der Institution	Arbeitsinformationen, Transaktionen
Extranet	Partner, Händler, andere Ämter	Beschaffung, Transaktionen

Tabelle 5 – Nutzung bekannter Technologien im Bereich des eGovernment

Erst eine Kombination aus Internet, Intranet und Extranet erlaubt ein erfolgreiches G2C(B)2G mit allen hier aufgezeigten Vorteilen des eGovernment.[1]

---

[1] http://www.access-egov.info/eGov.cfm?id=technology&xid=MN

Forderung nach Accessibility

3.5.3 eGovernment und eDemokratie

Eine Studie der University of California Los Angeles[1] (UCLA) Ende 2001 hat ergeben, dass das Verständnis der Bürger immer noch eine Trennung von Information über Politik und Einfluss auf die Politik vorsieht.

> *"Users in 2001 say the Internet continues to be an important resource for gathering information about political issues, but they do not believe that the Internet gives them more political power, or helps them influence political decisions and government officials."* [2]

eGovernment = eDemokratie

Mit dem Internet...	Stimmen zu (%)	Stimmen nicht zu (%)
kann man Politik besser verstehen	45.1	23.5
hat man Einfluss auf die Politik	25.6	45.3
kann man die Regierung beeinflussen	20.9	51.6

Tabelle 6 – Für viele Bürger kann mit eGovernment kein Einfluss auf die Politik genommen werden

eGovernment hat sich mittlerweile unter den Usern als Informationsdienstleistung durchgesetzt. Es wird immer noch von einem Grossteil der Bevölkerung als steuerndes Instrument erfahren, und nicht als Instrument zur Beeinflussung der Politik. eDemokratie, eVoting usw. werden in nächster Zukunft immer häufiger auf den Bürger zukommen und ihn mit dem Thema Internet und Politik konfrontieren. Es bleibt abzuwarten, ob solche Dienstleistungen von den Bürgern angenommen werden. Einen grossen Teil zur Akzeptanz können sicherlich Themen wie Sicherheit, Verschlüsselung, Vertraulichkeit und Benutzbarkeit beitragen.

---

[1] http://www.ucla.edu
[2] http://www.ccp.ucla.edu/pages/InternetStudy.asp

3.5.4 eGovernment Design

Um die Dienstleistungen des eGovernment dem Bürger nahe zu bringen und ihm Vertrauen in das neue Medium zu geben, muss auf ein benutzerfreundliches und benutzernahes Design geachtet werden.

Die Dienstleistung soll allen, dem Erfahrenen wie auch dem unerfahrenen Internetnutzer, zur Verfügung stehen. Beim eGovernment steht der Benutzer und die Dienstleistungen die der Benutzer in Anspruch nimmt im Mittelpunkt, Technologie, die Organisation und die Implementierung kommen an zweiter Stelle.

Usability und vor allem Accessibility stehen beim eGovernment und bei Webseiten der öffentlichen Hand an erster Stelle. Aus diesen Gründen sollten beim Neudesign einer staatlichen Webseite immer die in den vorherigen Kapiteln behandelten Usability und Accessibility Aspekte berücksichtigt werden. Sie sind der erste Schritt zu einem erfolgreichen eGovernment.

Forderung nach Accessibility

3.6 Business Benefits von Accessibility

Usability und Accessibility bedeuten nicht nur Vorteile für behinderte Benutzer des Internets. Sie stellen vor allem einen Nutzengewinn dar, der alle anderen Usergruppen betrifft und somit für den Wirtschaftsinformatiker interessant wird.

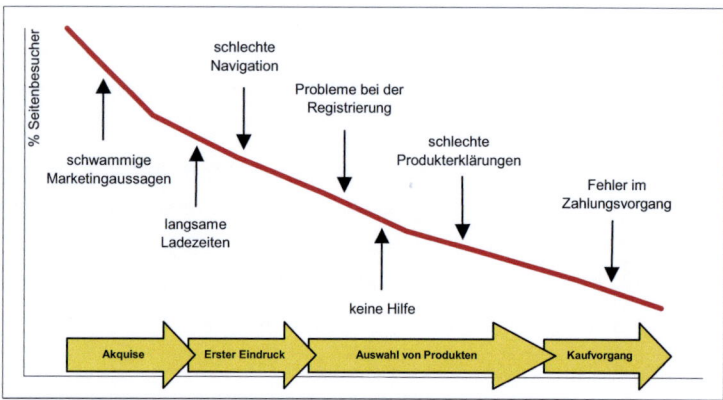

Abbildung 22 – Geringe Realisierung potentieller Kunden einer eCommerce Seite; auftretende Probleme sind meist Usability-Probleme; *Quelle: namics Firmenpräsentation*

Aus diesem Grund sollte bei jedem Internetprojekt Wert auf Usability und Accessibility gelegt werden. Das W3C stellt diese Benefits anhand der Web Accessibility Guidelines 1.0 folgendermassen dar.[1]

3.6.1 Wirtschaftliche Bedeutung von Accessible Webdesign

- **Logische und in sich konsistente Navigation**
  - Viele Menschen meiden Webseiten nach dem ersten Besuch weil sie Schwierigkeiten haben in komplexen Navigationsstrukturen Dinge zu finden oder wieder zu finden.

---

[1] *http://www.w3.org/WAI/bcase/benefits.html*

- o Wird das Web mit einer DialUp Verbindung genutzt, müssen User oft lange warten bis sich eine Seite aufgebaut hat. Kurze Navigationswege erleichtern auch hier die Suche und beugen Frust vor.

- o Nicht erfahrene Internetnutzer finden sich besser zurecht und profitieren von Sitemaps und verlinkten Inhaltsseiten, um schneller das Gesuchte zu finden.

☐ **Unabhängigkeit vom Endgerät**

- o Trennt man Struktur und Semantik einer Seite von ihrer Darstellung, wird der Zugriff mit verschiedenen Endgeräten erleichtert. So können verschiedene Endgeräte (High-Bandwidth, Low-Bandwidth) mit für sie passenden Darstellungen bedient werden, ohne dass die zugrunde liegende Datenbasis verändert wird.

☐ **Klarer und verständlicher Inhalt**

- o Erhöht die Anzahl und Breite der Zielgruppe einer Webseite.

- o Nutzer, die einfache Suchkriterien in den öffentlichen Suchmaschinen verwenden, werden die Seite mit einer grösseren Wahrscheinlichkeit finden wenn Wert auf geläufige Worte, Phrasen und Grammatik gelegt wird.

- o Wird eine internationale Zielgruppe mit dem Inhalt der Webseite angesprochen, können regionale Ausdrucksweisen und Dialekte verwirrend oder auch unfreundlich wirken. Einfacher Inhalt lässt sich einfacher übersetzen und verstehen.

- o Studien beweisen, dass die meisten Webseiten nicht gelesen sondern nur überflogen werden. Eine einfache Sprache statt zu vieler technischer Begriffe erleichtert das Verständnis.

Forderung nach Accessibility

- Nicht-Text Elemente wie Bilder oder Grafiken sollten zum Text passen, nahe beim relevanten Textinhalt stehen und im Text beschrieben werden.

☐ **Textuelle Alternativen**

- [D]-Links (deskriptive Links) und LONGDESC-Attribute – werden Inhalte durch komplexe Grafiken, Diagramme oder Bilder dargestellt, kann von vornherein nicht angenommen werden, dass der Besucher der Seite diesen Inhalt sofort versteht oder überhaupt sehen kann. Eine textuelle Beschreibung der dargestellten Information kann hier ein grosser Bonus sein.

- Ein Grossteil der Zielgruppe einer Seite kann auf multimedial aufbereitete Daten nicht zugreifen, sie verstehen oder sehen. Alternativ zur Verfügung gestellter Textinhalt macht solche Daten verfügbar.

- Sind keine Textalternativen für Grafiken, Videos und Audiodateien verfügbar, kann von Suchmaschinen lediglich der Dateiname gefunden werden, der wichtige Inhalt hingegen nicht.

- Benutzer mit geringer Bandbreite (DialUp Modem) können sich mit Hilfe von Textalternativen lange Ladezeiten von beispielsweise Videos sparen, indem sie auf die Textabschrift zurückgreifen.

☐ **Metadaten**
- Folgt man dem Standard für Metadaten um Dokumente zu beschreiben oder ihre Abhängigkeit untereinander darzustellen, kann man den Nutzen des Inhaltes einer Webseite erhöhen; zum Beispiel wenn per Suchmaschine nach einer Dienstleistung oder einem Produkt gesucht wird. Internationale Standards sind etwa IMS[1] im Bildungssektor und Dublin Core[2] im Bereich der Verwaltung.

☐ **Aufbau von Darstellung trennen**
- Einige Suchmaschinen-Spider nutzen den Text innerhalb der Überschrift-Tags (<H1>, <H2>, usw.) um Webseiten zu klassifizieren und schreiben diesem Text eine grössere Bedeutung zu.

- Ein Master Style Sheet zur Darstellung aller Seiten erlaubt ein schnelles und einheitliches Ändern des 'Look & Feel' einer Webseite. Dies bedeutet, dass man nur das eine Style Sheet statt jeder einzelnen Seite ändern muss um beispielsweise eine andere Technologie einzusetzen. So kann zum Beispiel die Druckansicht einer Seite einfach durch das Wechseln des Style Sheets erfolgen.

- Style Sheets werden in den Browser Cache geladen, somit verringert sich die Ladezeit der einzelnen Seiten wenn auf Darstellungsformatierungen verzichtet wird.

---

[1] *http://www.imsglobal.org*
[2] *http://www.dublincore.org*

Forderung nach Accessibility

☐ **Unabhängigkeit von Farbe**
- o Ein ausreichender Kontrast zwischen Text und Hintergrund erleichtert das Lesen. Dunkler Text auf hellem Hintergrund ist die beste Kombination, wird dies durch die Verwendung von Style Sheets erreicht können beispielsweise Sehbehinderte (etwa Farbenblinde) ein auf ihre Bedürfnisse angepasstes Style Sheet laden und PDA Benutzer ein auf ihr Endgerät angepasstes Style Sheet benutzen.

- o Auch gibt es Endgeräte, die Farbe nicht darstellen können. Somit sollte nicht zu viel Wert auf Farbe zur Informationsdarstellung gelegt werden.

☐ **Tabellenattribute**
- o Suchmaschinen indizieren Zusammenfassungen von Tabellen. Dies hat einen logischeren Inhalt zur Folge als eine Indizierung Zelle für Zelle.

☐ **W3C Technologien**
- o Das Verwenden der aufkommenden Sprachspezifikationen XHTML[1] und XML[2] in Verbindung mit der korrekten Verwendung von Style Sheets macht die automatische Konvertierung von Inhalt für alternative Zugangstechnologien einfach. XHTML und XML eignen sich ideal zur maschinellen Veränderung von Information.

---

[1] *http://www.w3.org/TR/xhtml1*
[2] *http://www.w3.org/TR/REC-xml*

Business Benefits von Accessibility

3.6.2 Technische Bedeutung von Accessible Webdesign

- **Logische und in sich konsistente Navigation**
  - Der Benutzer findet sein Ziel schneller, dies bedeutet weniger aufgerufene Seiten vom Webserver (HTTP Requests) und damit ein geringerer Verbrauch der Bandbreite. Dies ermöglicht dem User schnelle Antwortzeiten, schneller geladene Seiten und somit eine zufrieden stellende Erfahrung.

  - Werden zum Beispiel Grafiken in Navigationsstrukturen konsequent genutzt, resultiert auch dies durch das Browser Caching in weniger Requests an den Server.

- **Unabhängigkeit vom Endgerät**
  - Wiederverwendung des Inhalts; mit der Trennung von Struktur und Darstellung erreicht man ein wesentlich grösseres Zielpublikum, beispielsweise die wachsende Anzahl von Endgeräten wie WAP Mobiltelefone, PDAs und Fahrzeug-Navigationssysteme.

  - Geringere Wartungskosten und weniger Anpassungsaufwand bei der Erstellung von verschiedenen Endversionen der Webseite.

- **Klarer und verständlicher Inhalt**
  - Falls Besucher gesuchte Informationen nicht über die normale Navigation finden, erhalten sie diese einfacher und schneller mit den internen Suchmöglichkeiten. Der Inhalt muss aber klar und logisch sein und eventuell durch Metadaten aufbereitet werden. Sucht der Kunde effizienter, verringert dies auch die kosten- und ressourcenintensiven Supportdienstleistungen.

Forderung nach Accessibility

☐ **Textuelle Alternativen**

- o Mit der Limitierung der eigenen Bandbreite aus technischen oder ökonomischen Umständen bietet eine Webseite mit Textalternativen für alle Grafiken dem User die Möglichkeit, das Angebot auch mit ausgeschalteten Bildern zu nutzen und verringert dadurch den Traffic der eigenen Internetverbindung.

- o Textalternativen für Grafiken einer Webapplikation können als '*interne Dokumentation*' gesehen werden; dies erleichtert die Wartung der Präsenz, da zwischen Text- und nicht-Text-Inhalt einfacher unterschieden werden kann.

3.7 Mobile Usability

3.7.1 Zukunft der Informationsgesellschaft?

Internet und Mobilfunk wachsen zusammen, das mobile Internet entsteht. Das Nutzenversprechen der drahtlosen Datenkommunikation liegt in der Unabhängigkeit von Zeit und Ort und der damit verbundenen Flexibilität der Nutzer in ihrer Mobilität. Das mobile Internet kann jedoch nur von wirtschaftlichem Erfolg gekrönt werden, wenn die Anbieter die Bedürfnisse und die Fähigkeiten der Nachfrager berücksichtigen. Nur nützliche und benutzbare mobile Datendienste verfügen über das Potenzial hoher Akzeptanz seitens der User.

Mobile Internet User 2000-2005

Region	2000	2005
Nordamerika	2 Millionen	89 Millionen
Europa	7 Millionen	194 Millionen
Lateinamerika	0.1 Millionen	52 Millionen
Asia-Pacific	30 Millionen	79 Millionen
Weltweit	**39 Millionen**	**729 Millionen**

Tabelle 7 – Tendenz des mobilen Internets; *Quelle: Intermarket Group*

Mobile Commerce Umsätze 2000-2005 (Milliarden US$)

Region	2000	2001	2002	2003	2004	2005
Nordamerika	0	0.1	0.2	0.7	1.8	3.5
Westeuropa	0	0.1	0.5	1.7	4.6	7.8
Asien	0.4	1.3	2.6	5	7.4	9.4
Lateinamerika	0	0	0	0.1	0.2	0.5
Andere	0	0	0.1	0.2	0.4	1
Weltweit	0.4	1.5	3.4	7.6	14.5	22.2
USA	0	0.1	0.2	0.6	1.7	3.3
Japan	0.4	1.2	2.1	3.5	4.5	5.5

Tabelle 8 – Umsatzpotential des mobilen Internets; *Quelle: Jupiter Research*

Forderung nach Accessibility

Probleme des mCommerce

Problem/Hürde	Alle Geräte	Telefone	PDAs	Laptops
Sicherheit	20%	18%	18%	37%
Komplizierte Navigationen	19%	24%	14%	2%
Geschwindigkeit	14%	13%	19%	15%

Tabelle 9 – Bekannte Probleme und Hürden des mCommerce; *Quelle: Telephia, Inc.*

Betrachtet man die Zahlen, erkennt man sehr schnell das Potential des mCommerce. Es muss sichergestellt werden, dass nicht nur das normale Internet, sondern auch das mobile Web Usable werden.

Die heutigen User des mobilen Internets fordern ausser grösserer Sicherheit auch die Vereinfachung der ihnen gestellten Tasks, wie beispielsweise eine einfacher zu nutzende Navigation innerhalb der Angebote und eine Beschleunigung der Dienste. Beschleunigung ist eine Sache von Hardware und Software. Somit sind zwei ganz wichtige Punkte hinsichtlich des Erfolges des mCommerce, nämlich die Erstellung von leicht zu nutzenden Navigationen und die Geschwindigkeitsoptimierung, abhängig von der Usability des Mediums.

3.7.2 Die Relevanz von WAP

Als Entwickler mobiler, interaktiver Datendienste für die heutigen GSM-Mobilfunknetze kommt man an dem Technologiestandard WAP nicht vorbei. Von den Grossen der mobilen Kommunikationsindustrie wurde der Standard 1997 in einer Aktion ins Leben gerufen, um die, mit der Nutzung der GSM-Netze für Datendienste verbundenen Limitationen mit Hilfe geschickter Datenformatierung und -komprimierung, zu umgehen. Ausführliche Dokumentationen der unterschiedlichen Versionen des WAP-Standards sind auf '*www.wapforum.org*' zu finden.

Ein Blick in die Zukunft lässt jedoch berechtigte Zweifel am WAP-Standard aufkommen. In Japan nutzen mittlerweile über 20 Millionen User den mobilen Online-Dienst i-mode. i-mode ist eine Marke und keine Technologie, kommt ohne

WAP aus und basiert auf W3C Internet-Standards wie cHTML, HTTP und TCP/IP. i-mode ist erfolgreich, weil es paketorientiert und '*always on*' funktioniert.

3.7.3 Limitationen des mobilen Internets

Das mobile Internet ist reduziert und limitiert. Selbst wenn die Leistungsfähigkeit mobiler Technologien in Zukunft noch steigen wird, wird der Unterschied zum stationär nutzbaren Internet auf absehbare Zeit erhalten bleiben. Der Hauptunterschied besteht folglich in der Mobilität der Nutzer.

Um die Mobilität zu ermöglichen, sind mobile Dienste wie WAP oder i-mode eine Art Miniaturisierung des Internets. 'Reduce to the Max' – nach einer Aussage der Manager und Entwickler von Yahoo bedeutet WAP das eigene Angebot von 123 Optionen auf 2 zu minimieren. Hierbei steht die Überlegung im Vordergrund, was für den User wirklich wichtig ist.

3.7.4 Mobile-Usability Empfehlungen

Es gibt Usability-Probleme, die bei vielen Diensten auftreten. Es macht daher Sinn, generelle konzeptionsorientierte Usability-Tips zu erarbeiten, an denen sich die Entwickler und Manager mobiler Datendienste orientieren können.
Aus diesen Überlegungen sind die folgenden konkreten Empfehlungen für eine gute Programmierung wie auch für Gestaltungshinweise entstanden.[1]

- □ **Co-Development mit den Usern**: Die gemeinschaftliche Anwendungsentwicklung mit der Zielgruppe ist die beste Methode, um den Anforderungen, Erwartungen und Fähigkeiten der Nutzer optimal gerecht zu werden.

---

[1] vgl. Mobile Usability – Mobile Datendienste [eye-square Whitepaper]

Forderung nach Accessibility

- **Mobiler Aktions-Fokus**: Mobile Dienste müssen schnelle Problemlösungen in mobilen Situationen ermöglichen, beispielsweise Fahrplanabfragen der Bahn per WAP-Handy, weil man einen späteren Zug nehmen muss.

- **Reduce to the Max**: Das zentrale Mobile-Usability Paradigma. Mobile Datendienste sollten nur die wichtigsten Funktionalitäten und Optionen bieten. Nicht die Quantität, sondern die Qualität der Auswahl-möglichkeiten ist entscheidend.

- **KISS**: '*Keep it simple and stupid*' ist der bekannte Appell an die Einfachheit interaktiver Anwendungen. Wo Komplexität vermieden oder vor dem User versteckt werden kann, sollte dies geschehen.

- **Personalisierung**: Lesezeichen und Dienstepersonalisierung können Usability verbessern. Mit Hilfe von Lesezeichen findet der User seine bevorzugten Dienste schneller. Personalisierte Dienste lassen sich individuell an den User anpassen, sind schneller zu navigieren und erhöhen den Mehrwert für den Nutzer.

- **Lokalisierung**: Die Lokalisierung richtet den Dienst auf den Standort des Users und damit auf einen wichtigen Situationsparameter aus. In der Konsequenz muss der User weniger klicken um ans Ziel zu kommen und somit auch weniger Zeit online verbringen, was ihm Kosten spart und ihn den Dienst erneut benutzen lässt. Der Nutzer sollte jedoch die automatische Angabe des eigenen Standortes jederzeit aktivieren und deaktivieren können.

- **Naming to the Point**: Die Bezeichnung von Kategorien, Optionen und Links ist auf die Fähigkeiten und Erwartungen der Nutzer abzustimmen und sollte das, was den Nutzer bei der Auswahl erwartet, auf den Punkt bringen.

☐ **Transparente Navigation**: Die reduzierten Interaktionsmöglichkeiten erfordern eine besonders transparente Navigation. Der User muss immer wissen, wo er ist, wo er herkommt und wie es möglicherweise weiter geht.

☐ **Scrollen statt Klicken**: Scrollen entlang einer Liste wird bei mobiler Nutzung im Gegensatz zur normalen Nutzung des Internets gegenüber dem Anklicken serieller Listen, die über mehrere Seiten verteilt sind, bevorzugt. Die Listen sollten in der Regel nicht mehr als sieben Elemente enthalten.

☐ **Texteingaben minimieren**: Systeme mit wenig direkten Texteingaben erweisen sich als überlegen. Direkte Eingaben wirken sich negativ auf die empfundene Usability aus und sollten daher möglichst vermieden werden.

☐ **Konsistenz**: Innerhalb einer Anwendung sollten dieselben Begriffe und Navigationsmuster verwendet werden. Hilfreich ist die Nutzung 'adaptierter', dienstübergreifender Usability Standards. Der Link *'Home'* sollte immer auf die Startseite bzw. Homepage führen.

☐ **Kleinster gemeinsamer Nenner**: Um die Kompatibilität verschiedener Browser- und Gatewaykombinationen (Endgeräte der User und Hardware der Netzbetreiber) zu gewährleisten ist es erforderlich, den kleinsten gemeinsamen Nenner zu finden, was jedoch ein ausführliches Testen der Applikationen notwendig macht.

☐ **Don't talk about Technology**: Der Konsument ist nicht daran interessiert, welche Technologien für die mobile Internetnutzung zum Einsatz kommen. In der Kommunikation mit den Usern sollte Technologie in den Hintergrund und Funktionalität und Mehrwert in den Vordergrund gerückt werden.

Forderung nach Accessibility

3.7.5 Heutiger Stand der Mobile-Usability

Man kann heute immer noch von regelrechten Usability Lücken im mobilen Internet sprechen. Die aktuelle WAP-Erfahrung ist für den User weitestgehend enttäuschend. Für die 'Macher' in der mobilen Wirtschaft gibt es viel zu tun. Der Unterschied zwischen User-Erwartungen und der Dienst- und Produktqualität, die sich aus Endgerät, Netz und Dienst zusammenstellt, ist derzeit noch viel zu gross, um das mobile Internet für den Massenmarkt zu erschliessen.

Die bestimmenden Faktoren für die Gesamtakzeptanz von mobilen Dienstleistungen sind die empfundene Nützlichkeit (Utility) und Bedienbarkeit (Usability). Usability wird damit sowohl im mobilen Sektor der Kommunikationsgesellschaft als auch in der Welt des PC-Internets zum strategischen Erfolgsfaktor, ebenso wie der Mehrwert des Dienstes für den User. Sind beide Punkte für einen mobilen Datendienst gegeben, kann sich auch der wirtschaftliche Erfolg einstellen.

Die Bedürfnisse und Erwartungen der mobilen User sind klar gesteckt: schnelle Problemlösung in mobilen Situationen, jedoch auch Bequemlichkeit und mobiler Zeitvertreib.

3.8 Usability aus der Sicht von Internet-Minderheiten

Erwachsene sind bei weitem nicht die einzige Zielgruppe, die das Internet anspricht. Es gibt ausserhalb der berufstätigen Erwachsenenwelt sehr kaufkräftige Gruppen, die in Sachen Usability nicht vernachlässigt werden dürfen. Kinder sind die Kunden von morgen und wir sind die Senioren; Senioren beispielsweise lernen heute wie sie das Internet zu ihren Gunsten nutzen können.

3.8.1 Kids und Teens

Sie sind nicht die breite Masse der Internetnutzer, sie nutzen das Internet für ihre speziellen Zwecke. Jedoch darf nicht ausser Acht gelassen werden, dass sie ein Teil der kaufkräftigsten Bevölkerungsgruppe sind: Kids und Teenager.

Eine Studie von AOL besagt, dass das Internet mittlerweile das wichtigste Kommunikationsmedium für Kids und Teenager geworden ist. Für viele ist das Internet sogar wichtiger geworden als das Telefon.

81% der 12 bis 17-jährigen nutzen das Internet zum Emailen mit Freunden und Verwandten, 70% nutzen Instant Messaging Dienste. Diese Zahlen steigen unter den 18 und 19-jährigen auf 91% respektive 83%. Über 56% der 18 und 19-jährigen ziehen das Internet dem Telefon vor.

Das Internet wird aber nicht nur zu Kommunikationszwecken genutzt. Ungefähr 60% der Befragten nutzen das Internet zur Lösung ihrer Hausaufgaben oder anderer schulischer Projekte.[1]

---

[1] http://www.useit.com/alertbox/20020414.html

Forderung nach Accessibility

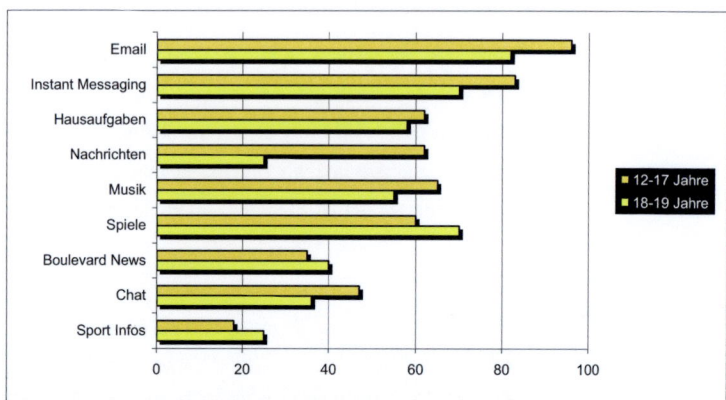

Abbildung 23 – Prozentuale Internetnutzung bei Kids und Teens; *Quelle: AOL*

Das Internet dient den Kids und Teenagern nicht lediglich zur Kommunikation und zum Zeitvertreib, sondern auch zur Information und Recherche. Hier muss angesetzt werden, wenn man von Usability für sie redet.

3.8.2 Usability für Kids

Eine Studie der Nielsen Norman Group[1] zeigt, dass Kids und Teens das Internet anders nutzen als Erwachsene. Dabei wurden folgende Erkenntnisse gewonnen.

1. Kids zeigen wesentlich mehr Bereitschaft auf Banner und Werbung zu klicken als Erwachsene dies tun. Für Kinder verbirgt sich hinter einem Banner mit einer Comic Figur viel eher ein Spiel oder ähnliches als eine wertlose Webseite,

2. Die untersuchte Gruppe scrollt in den meisten Fällen nicht über den sichtbaren Bildschirminhalt hinaus,

---

[1] *http://www.nngroup.com*

3. Das Angebot einer Webseite für Kids muss exakt auf die Alterszielgruppe angepasst sein. Es wird besonders auf das eigene Alter geachtet. Die Aussage eines 6-jährigen:

"Diese Webseite ist für Babys, vielleicht für vier oder fünf jährige! Man sieht das deutlich an den Cartoons und Bildchen!"

Viele Usabilityprobleme treffen Kids besonders hart. Mangelnde Geduld der Kinder kombiniert mit der Komplexität von Webseiten veranlasst viele eine Webseite sofort zu verlassen.

Langsame Downloadzeiten sind für Kinder ebenso ein grosses Ärgernis wie für Erwachsene. Aussage einer Erstklässlerin:

"Make it go faster! Maybe if I click it, it will go faster..."

Da Kids ihren Computer oft 'vererbt' bekommen, ist das ihnen zur Verfügung stehende Equipment meist veraltet und die installierte Software nicht mehr aktuell. Aus diesem Grund sollte bei Angeboten für Kids im Internet immer darauf geachtet werden, den Einsatz von neuen Technologien so eingeschränkt wie möglich zu halten.

Ausserdem treffen die typischen Web-Usability-Probleme auch auf Kids zu:

☐ Unklare und nicht konsistente Navigationen,

☐ Interaktionstechniken die nicht dem Standard entsprechen,

☐ mangelnde Wahrnehmung von Interaktionsmöglichkeiten,

☐ nicht angepasstes Wording der Webseiten.

Forderung nach Accessibility

Es gibt jedoch bemerkenswerte Unterschiede im Vergleich von Kids- und Erwachsenen-Usability. Viele *'Don'ts'* der Erwachsenenwelt werden von Kids nicht als Behinderung oder Ärgernis wahrgenommen:

- **Animationen und Soundeffekte** sind positive Designelemente für Kids. Es wird ein guter erster Eindruck vermittelt der die User zum Bleiben einlädt.

- Kinder mögen *'Mine-Sweeping'*. Es ist für sie kein Problem mit der Maus nach Links zu suchen oder sich einfach nur die verschiedenen Soundeffekte anzuhören.

- **Geographische Navigationsmetaphern** wie Räume, Städte oder andere simulierte Umgebungen (Anhang Seite 205) sind gern gesehene Einstiegspunkte zu verschiedenen Seiten oder Seitenfeatures.

Abbildung 24 – Startseite Disney.com in Form eines virtuellen Vergnügungsparks

☐ Über die Hälfte der **Kids sind gewillt Anleitungen** von einem Absatz Länge **zu lesen** bevor sie ein neues Spiel beginnen. Erwachsene verfahren in diesem Fall eher nach der '*Trial and Error*' Methode.

Kinder wollen unterhaltsame, lustige und bunte Inhalte. Vom Design her sollten die Seiten einfach zu bedienen sein, die Kids wollen den Inhalt so schnell wie möglich erreichen. Sie lieben coole Inhalte, Spiele und das 'Erforschen' von Webseiten, die Bedienung der Seiten sollte jedoch intuitiv möglich sein, ansonsten verlassen die Kids die Seiten und gehen zur Konkurrenz.[1]

3.8.3 Usability für Senioren

Das Internet bereichert das Leben vieler Senioren, aber viele Webseiten sind für diese Zielgruppe schwer zu benutzen. Das Hauptaugenmerk der Senioren liegt ebenso wie bei den jüngeren Nutzen des Internets auf Kommunikation und Email. Informationen über Medikamente und Hobbies, das Lesen von Nachrichten, die Überwachung von Investitionen sowie Onlineshopping und -banking zählen jedoch genauso zum Betätigungsumfeld.

Senioren benötigen in der Regel doppelt so lange für eine ihnen gestellte Aufgabe.[2]

Senioren vs. 'Standard Internetnutzer'

	Senioren (65+)	*Vergleichsgruppe (21-55)*
Erfolgsfaktor (Aufgabe erfüllt)	52.9%	78.2%
Dauer der Aufgabe	12:33 min	7:14 min
Fehler	4.6	0.6
Subjektive Bewertung (Note 1-7)	3.7	4.6
Gesamt-Usability	**100%**	**222%**

Tabelle 10 – Usabilityvergleich Senioren und 'normale' Internetnutzer; *Quelle: useit.com*

---

[1] *http://www.nngroup.com/reports/kids/*
[2] *http://www.useit.com/alertbox/20020428.html*

Forderung nach Accessibility

Vergleicht man die erreichte Gesamt-Usability, fällt der deutliche Nachteil der Senioren auf. Nicht-Senioren erfahren eine mehr als doppelt so hohe Usability. Um die Erfahrung Internet für Senioren nicht doppelt so schwer zu gestalten wie für einen normalen User, sollten einige Designhinweise beachtet werden.

Der erste Schritt zu besserer Usability sind Schriftgrössen, die von Senioren ohne Probleme gelesen werden können. Hier hat sich herausgestellt, dass eine Grösse von mindestens 12 Pixeln angemessen ist. Grosser Text ist speziell für Links zu empfehlen, damit sowohl die Lesbarkeit dieser interaktiven Elemente sichergestellt ist, als auch die 'Trefferfläche' eines Links. Sich bewegende Navigationselemente wie beispielsweise Drop-Down- oder hierarchische Menüs sind ebenso zu vermeiden, da nicht immer von einer punktgenauen Maussteuerung ausgegangen werden kann.

Des Weiteren sollte ein Augenmerk auf unterschiedliche Farben besuchter und nicht besuchter Links gelegt werden. Senioren verlieren leichter die Orientierung und wissen dadurch nicht genau, welche Seiten sie schon besucht haben und welche nicht.

Nutzungsfehler in Suchmaschinen sollten ebenfalls verziehen werden. Oft werden Suchanfragen nur aus dem Grund vereitelt, weil der User beispielsweise Anführungszeichen in seinem Suchstring verwendet.

So führt die Eingabe von Binde- oder Schrägstrichen bei Telefonnummern oft zu Fehlern in Eingabeformularen, wenn nicht auf korrekte Beschreibungen und eventuelle Fehlermeldungen Wert gelegt wird.

Usability für Senioren sollte aus zwei Gründen immer bedacht werden. Erstens, wir werden alle einmal in dieses Alter kommen und wünschen uns dann vielleicht auch einfach zu nutzende Webseiten.

Zweitens, und dieses Argument ist wesentlich wichtiger im Hinblick auf den Onlinehandel, ist die Bevölkerungsgruppe der über 65-jährigen in den Industriestaaten aufgrund ihrer Kaufkraft nicht zu unterschätzen.[1]

---

[1] *http://www.nngroup.com/reports/seniors*

4 Accessibility an Beispielen

4.1 Die Regelwerke

Es gibt mittlerweile eine Vielzahl von Accessibility-Regelwerken und Guidelines. Viele grosse Unternehmen von öffentlichem Interesse, jedoch auch Universitäten haben ihre 'eigenen' Guidelines erstellt. Sie basieren alle auf den gleichen Standards.

Standard und die bisher erste offizielle Version, sind die am 5. Mai 1999 veröffentlichten W3C Empfehlungen, die Web Content Accessibility Guidelines[1] (WCAG). Diese Zugänglichkeitsrichtlinien für Webinhalte wurden von der Web Accessibility Initiative (WAI) erstellt und veröffentlicht.

Darauf basieren ebenso die Section 508 Standards, welche die Gesetzesgrundlage der USA sind.

Im Folgenden werden nun der Aufbau der WCAG erklärt und die einzelnen Regeln an konkreten Code-Beispielen erläutert. Die Beispiele sind meist aus dem Prototypen Quellcode des Portalprojekts des Schweizer Bundesamts für Statistik (BFS).

4.2 Überblick und Aufbau der WCAG

Die Richtlinien erläutern wie Web-Inhalte für Behinderte zugänglich gemacht werden können. Sie richten sich an alle Entwickler von Web-Inhalten (Autoren von Webseiten und Seitendesigner). Das primäre Ziel dieser Richtlinien ist die Förderung der Zugänglichkeit. Das Befolgen dieser Richtlinien wird jedoch das Web für alle Benutzer verbessern, gleich welchen Benutzeragenten sie benutzen (Browser, Screen Reader, Computer im Auto usw.) oder unter welchen Einschränkungen sie arbeiten mögen (zum Beispiel laute Umgebungen, schlecht oder

---

[1] *http://www.w3.org/TR/WAI-WEBCONTENT*

Accessibility an Beispielen

zu hell beleuchtete Räume, Situationen, in denen die Hände nicht benutzt werden können). Diese Richtlinien sollen Entwickler von Inhalten nicht davon abhalten, Bilder, Videos usw. einzusetzen; sie sollen vielmehr erläutern, wie Multimedia-Inhalte besser für ein breites Publikum zugänglich gemacht werden können.

Die WCAG umfassen 14 Richtlinien bzw. allgemeine Prinzipien zugänglichen Designs. Jede Richtlinie ist in Checkpunkte unterteilt, welche auf die Anwendung der Richtlinie eingehen.

Die Checkpunkte sind in drei Prioritätsstufen unterteilt, welche durch ihre Erfüllung schliesslich den Konformitätsgrad einer Webseite beschreiben. Sie sind abhängig vom Einfluss auf die Zugänglichkeit einer Webseite.

☐ **Priorität 1**

Ein Entwickler von Webinhalten **muss** diesen Checkpunkt erfüllen. Andernfalls wird es für eine oder mehrere Gruppen unmöglich sein, auf die Informationen im Dokument zuzugreifen. Die Erfüllung dieses Checkpunkts ist ein grundlegendes Erfordernis, damit bestimmte Gruppen Webdokumente verwenden können.

☐ **Priorität 2**

Ein Entwickler von Webinhalten **sollte** diesen Checkpunkt erfüllen. Andernfalls wird es für eine oder mehrere Gruppen schwierig sein, auf die Informationen im Dokument zuzugreifen. Die Erfüllung dieses Checkpunkts beseitigt signifikante Hindernisse für den Zugriff auf Webdokumente.

☐ **Priorität 3**

Ein Entwickler von Webinhalten **kann** diesen Checkpunkt erfüllen. Andernfalls wird es für eine oder mehrere Gruppen etwas schwierig sein, auf die Informationen im Dokument zuzugreifen. Die Erfüllung dieses Checkpunkts erleichtert den Zugriff auf Webdokumente.

Überblick und Aufbau der WCAG

Die Konformitätsstufen[1] ergeben sich schliesslich aus dem Erfüllungsgrad der einzelnen Prioritäten.

☐ Konformität Stufe 'A'
  o Alle Checkpunkte der Priorität 1 sind erfüllt.

☐ Konformität Stufe 'Double-A'
  o Alle Checkpunkte der Priorität 1 und 2 sind erfüllt.

☐ Konformität Stufe 'Triple-A'
  o Alle Checkpunkte der Priorität 1, 2 und 3 sind erfüllt.

Abbildung 25 – Seiten, die Anspruch auf WAI-Konformität erheben, können mit einem Icon ausgezeichnet werden

Die einzelnen Richtlinien inklusive ihrer Checkpunkte werden im Folgenden chronologisch erklärt und an Beispielen erläutert. Eine nach Prioritäten aufbereitete Checkliste zur Erstellung von barrierefreien Webinhalten befindet sich im Anhang dieser Arbeit auf den Seiten 224-230.

---

[1] *http://www.w3.org/WAI/WCAG1-Conformance.html.en*

Accessibility an Beispielen

4.3 Richtlinien für Webinhalte

4.3.1 Richtlinie 1 – Audio und Visuelles

"Stellen Sie äquivalente Alternativen für Audio- und visuellen Inhalt bereit."[1]

Es muss Inhalt bereitgestellt werden, der, wenn er dem Benutzer präsentiert wird, im Wesentlichen dieselbe Funktion oder denselben Zweck erfüllt wie der Audio- oder visuelle Inhalt.

***Checkpunkt 1.1** – Priorität 1*

Es muss ein Text-Äquivalent für jedes Nicht-Text-Element bereitgestellt werden (zum Beispiel über 'ALT', 'LONGDESC' oder im Inhalt des Elements). Dies umfasst: Bilder, grafisch dargestellten Text und Symbole, Imagemaps, Animationen, Applets, ASCII-Zeichnungen, Frames, Scripts, Platzhalter-Grafiken, grafische Buttons sowie Audio Dateien und Videos.

```
Beispiel BFS:

<a href="#content">
    <img src="img/x.gif" width="10" height="1" alt="Direkt
    zum Content">
</a>

<a href="#">
    <img src="img/ico_search.gif" width="21" height="19"
    alt="Search">
</a>
```

Quellcode 1 – Beispiele für ALT-Attribut; Content-Anchor und Grafik

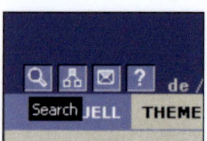

Abbildung 26 – Darstellung des ALT-Attributs im Browser

---

[1] *http://www.w3.org/TR/WAI-WEBCONTENT-TECHS/#gl-provide-equivalents*

Richtlinien für Webinhalte

Anmerkung: Ein weiteres, leider nicht in den WCAG Richtlinien vorhandenes, weit verbreitetes Designelement zur Beschreibung von Grafiken mit viel Inhalt ist ausser dem LONGDESC-Attribut der Descriptive- bzw. [D]-Link. Da Screen Reader das LONGDESC-Attribut noch nicht unterstützen, kann mittels eines [D]-Links auf dieselbe Beschreibungsseite gelinkt werden. Der Inhalt der Abbildung kann exakt beschrieben werden. Falls von Seiten des blinden Users kein Interesse besteht die Inhalte der Abbildung zu erfahren, muss der Link nicht besucht werden.

Beispiel BFS:

```
<img src="img/ser_pic_chart01.gif"
     alt="Chart Jährliche Teuerung" border="0"
     longdesc="ser_pic_chart01.html">
<a title="Textbeschreibung der Grafik"
   href="ser_pic_chart01.html">[D]</a>
```

Quellcode 2 – Beispiel eines [D]-Links zur Beschreibung einer Grafik

Abbildung 27 – [D]- bzw. Descriptive-Link zur Beschreibung einer Grafik

89

Accessibility an Beispielen

Checkpunkt 1.2 – *Priorität 1*

Es müssen redundante Textlinks für jede aktive Region einer serverseitigen Imagemap bereitgestellt werden.

Beispiel:

```
<A href="http://www.example.com/cgi-bin/imagemap/my-map">
    <IMG src="welcome.gif" alt="Welcome! (Text links
    follow)" ismap>
</A>

<P>
[<A href="reference.html">Reference</A>]
[<A href="media.html">Audio Visual Lab</A>]
```

Quellcode 3 – Zusätzliche Textlinks bei serverseitiger Imagemap

Checkpunkt 1.3 – *Priorität 1*

Es muss eine Audiobeschreibung der wichtigsten Information der Videospur einer Multimedia-Präsentation bereitgestellt werden, bis Benutzeragenten das Textäquivalent einer Videospur vorlesen können.

Checkpunkt 1.4 – *Priorität 1*

Für jede zeitgesteuerte Multimedlapräsentation (zum Beispiel Film oder Animation) müssen äquivalente Alternativen wie Untertitel bereitgestellt werden.

Checkpunkt 1.5 – *Priorität 3*

Bis Benutzeragenten Textäquivalente für clientseitige Imagemaps darstellen, muss für jede aktive Region einer Imagemap ein redundanter Textlink zur Verfügung gestellt werden.

Beispiel:

```
<OBJECT data="navbar1.gif" type="image/gif" usemap="#map1">
<MAP name="map1">
<P>Navigate the site.
[<A href="guide.html" shape="rect" coords="0,0,118,28">Access Guide</A>]
[<A href="shortcut.html" shape="rect" coords="118,0,184,28">Go</A>]
[<A href="search.html" shape="circle" coords="184.200,60">Search</A>]
[<A href="10.html" shape="poly" oords="276,0,276,28,100,200,50,50,276,0">
Top Ten</A>]
</MAP>
```

Quellcode 4 – Redundante Textlinks bei clientseitiger Imagemap

4.3.2 Richtlinie 2 – Verständlichkeit ohne Farbe

"**Sorgen Sie dafür, dass Text und Grafik verständlich sind, wenn sie ohne Farbe betrachtet werden.**"[1]

Wenn Farbe allein als Träger von Information genutzt wird, können Menschen, die bestimmte Farben nicht unterscheiden können und Benutzer von Geräten ohne Farbe oder mit nichtvisueller Anzeige die Information nicht wahrnehmen. Wenn Vorder- und Hintergrundfarbe sich im Farbton zu sehr ähneln, haben sie unter Umständen zu wenig Kontrast, wenn sie mit Schwarzweiss-Monitoren oder von Menschen mit verschiedenen Arten von Farbsehschwäche betrachtet werden.

---

[1] http://www.w3.org/TR/WAI-WEBCONTENT-TECHS/#gl-color

Accessibility an Beispielen

***Checkpunkt 2.1** – Priorität 1*

Es muss dafür gesorgt werden, dass die gesamte mit Farbe dargestellte Information auch ohne Farbe verfügbar ist, zum Beispiel im Kontext oder im Markup.

Beispiel:

Ein Beispiel wie dieses könnte in HTML mit Style Sheets definiert werden

- jedes Beispiel ist umrahmt,
- die Hintergrundfarbe unterscheidet sich vom Rest des Dokuments,
- es beginnt immer mit dem Wort 'Beispiel',
- ein nicht sichtbares 'Beispiel Ende' mit Hilfe von `display:none` ist vorhanden.

Abbildung 28 – Trennung von Präsentation und Inhalt

***Checkpunkt 2.1** – Priorität 2 für Bilder, Priorität 3 für Text*

Kombinationen aus Vorder- und Hintergrund müssen ausreichend kontrastieren, wenn sie von jemandem betrachtet werden, dessen Farbensehen beeinträchtigt ist, oder wenn sie mit einem Schwarzweissbildschirm betrachtet werden.

Beispiel:

Zahlen zur Farbcodierung verwenden, nicht Namen

```
H1 {color: #808000}
H1 {color: rgb(50%,50%,0%)}
```

negatives Beispiel:

```
H1 {color: red}
```

Quellcode 5 – CSS Farbcodierungen

Folgende CSS Properties sollten zur Farbdefinition verwendet werden:

- `color`, für Vordergrundfarben
- `background-color`, für Hintergrundfarben
- `border-color`, `outline-color`, für Rahmen
- für Linkfarben `:link`, `:visited`, `:active`

4.3.3 Richtlinie 3 – Struktur und Präsentation

"**Verwenden Sie in Dokumenten die korrekten Struktur-Elemente. Beeinflussen Sie die Präsentation mit Stylesheets anstelle von Präsentations-Elementen und -Attributen.**"[1]

Inkorrekte Verwendung von Markup, entgegen der Spezifikation, beeinträchtigt die Zugänglichkeit. Der falsche Gebrauch von Markup für Präsentationseffekte (zum Beispiel die Verwendung einer Tabelle für Layout oder einer Überschrift, um die Schriftgrösse zu ändern) macht es für Benutzer von spezialisierter Software schwer, den Aufbau einer Seite zu verstehen oder in ihr zu navigieren. Wenn Präsentations-Markup anstelle von Struktur-Markup verwendet wird, um Struktur zu vermitteln (indem etwas, das wie eine Tabelle aussieht, mit dem `PRE`-Element von HTML konstruiert wird), erschwert dies die verständliche Darstellung einer Seite auf anderen Geräten.

***Checkpunkt 3.1** – Priorität 2*

Wenn angemessene Markup-Sprachen existieren, muss Markup anstelle von Bildern verwendet werden, um Informationen darzustellen. Beispiele dafür sind MathML für mathematische Gleichungen bzw. Stylesheets, um Text zu formatieren.

---

[1] *http://www.w3.org/TR/WAI-WEBCONTENT-TECHS/#gl-structure-presentation*

Accessibility an Beispielen

Beispiel:

$$x^2 + 4x + 4 = 0$$

Markup:

```
<mrow>
    <mrow>
        <msup>
            <mi>x</mi>
            <mn>2</mn>
        </msup>
        <mo>+</mo>
        <mrow>
            <mn>4</mn>
            <mo>&InvisibleTimes;</mo>
            <mi>x</mi>
        </mrow>
        <mo>+</mo>
        <mn>4</mn>
    </mrow>
    <mo>=</mo>
    <mn>0</mn>
</mrow>
```

Quellcode 6 – Abbildung der Funktion in MathML

Checkpunkt 3.2 – Priorität 2

Dokumente müssen gegen veröffentlichte formale Grammatiken validieren. In der Dokumenttyp-Deklaration am Anfang des Dokuments muss auf zum Beispiel die 'HTML 4.01 Transitional DTD' verwiesen werden.

Beispiel BFS:

```
<!DOCTYPE HTML PUBLIC "-//W3C//DTD HTML 4.01 Transitional//EN">
```

Quellcode 7 – Angabe des Documenttype

Richtlinien für Webinhalte

Checkpunkt 3.3 – Priorität 2

Um Layout und Präsentation zu beeinflussen, sollen Stylesheets verwendet werden, zum Beispiel das CSS FONT-Element anstelle des HTML FONT-Tags.

Beispiel:

```
<HEAD>
<TITLE>Grossbuchstaben</TITLE>

<STYLE type="text/css">
         .dropcap { font-size : 120%; font-family : Helvetica }
</STYLE>

</HEAD>

<BODY>
         <P><SPAN class="dropcap">E</SPAN>s war einmal...
</BODY>
```

Quellcode 8 – Formatierung von Text mit Hilfe von CSS

Checkpunkt 3.4 – Priorität 2

Es sollen relative anstelle von absoluten Einheiten in den Attributwerten der Markup-Sprache und Stylesheet-Property-Werten verwendet werden. 'em' oder Prozentangaben in CSS sind absoluten Einheiten wie 'pt' oder 'cm' vorzuziehen.

Beispiel:

```
BODY { margin-left: 15%; margin-right: 10%}
```

Quellcode 9 – Prozentuale Grössenangaben zur Positionierung

Accessibility an Beispielen

Checkpunkt 3.5 – Priorität 2

Um die Struktur von Dokumenten darzustellen, sollen Überschriftenelemente verwendet werden. `<H2>` stellt folglich eine Unterüberschrift von `<H1>` dar. Für Schrifteffekte dürfen diese Elemente nicht verwendet werden.

Beispiel:

```
<HEAD>
        <TITLE>Wie kann ich Grillen?</TITLE>
</HEAD>

<BODY>
        <H1>Grilltechniken</H1>
        ... etwas Text ...
        <H2>Grillen mit Holzkohle</H2>
        ... noch etwas Text ...

        <H2>Grillen mit Gas</H2>
        ... etwas mehr Text ...
```

Quellcode 10 – Strukturierung eines Dokuments durch Überschriften

Checkpunkt 3.6 – Priorität 2

Zur Darstellung von Listen muss auf korrekte Verschachtelung der HTML Listen-Tags `<OL>`, `<UL>` und `<DL>` geachtet werden.

Beispiel BFS:

```
<UL>
    <LI>Arbeit und Erwerb
    <UL>
        <LI>Beschäftigung und Arbeitszeit
        <LI>Arbeitslosigkeit
        <LI>Organisation des Arbeitsmarktes
    </UL>
    <LI>Landwirtschaft
    <LI>Wasserwege
</UL>
```

Quellcode 11 – Verschachtelung von Listenelementen im HTML

Richtlinien für Webinhalte

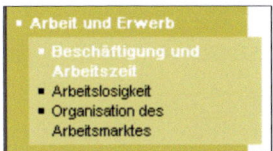

Abbildung 29 – Verschachtelung von <LI>-Elementen

Checkpunkt 3.7 – Priorität 2

Zur Markierung von Zitaten sollen die entsprechenden Markup-Elemente verwendet werden. In HTML wird <Q> dabei für kurze, <BLOCKQUOTE> für lange Zitate verwendet.

Beispiel:

```
<BLOCKQUOTE cite="http://www.example.com/lovelabourlost">
        <P>Remuneration! O! that's the Latin word for three
        farthings.
        --- William Shakespeare (Love's Labor Lost).
        </P>
</BLOCKQUOTE>
```

Quellcode 12 – Längeres Zitat mit BLOCKQUOTE-Tag markiert

Accessibility an Beispielen

4.3.4 Richtlinie 4 – Abkürzungen, Fremdsprachen

"Verwenden Sie Markup, der die Aussprache oder Interpretation von abgekürztem oder fremdsprachigem Text erleichtert."[1]

Wenn Entwickler von Inhalten die Änderungen der natürlichen Sprache in einem Dokument kennzeichnen, können Sprachgeneratoren und Blindenschrift-Geräte automatisch zur neuen Sprache wechseln, wodurch das Dokument zugänglicher für mehrsprachige Benutzer wird. Entwickler von Inhalten sollten die vorherrschende natürliche Sprache kenntlich machen. Entwickler von Inhalten sollten auch die Ausschreibung von Abkürzungen oder Akronymen angeben.

Falls Abkürzungen und Änderungen der natürlichen Sprache nicht kenntlich gemacht sind, sind sie unter Umständen nicht entzifferbar, wenn sie von einem Screen Reader vorgelesen oder mit Blindenschrift angezeigt werden.

***Checkpunkt 4.1** – Priorität 1*

Änderungen der natürlichen Sprache des Dokumententexts müssen mit Hilfe des HTML-Attributs `LANG` kenntlich gemacht werden.

Beispiel:
```
<P>And with a certain <SPAN LANG="fr">je ne sais quoi</SPAN>,
she entered both the room, and his life, forever. <Q>My name
is Natasha,</Q> she said. <Q LANG="it">Piacere,</Q> he
replied in impeccable Italian, locking the door.
```

Quellcode 13 – Angabe eines Sprachwechsels

***Checkpunkt 4.2** – Priorität 3*

Treten Abkürzungen und Akronyme im Dokument auf, sollten sie bei ihrem ersten Auftreten mit den HTML-Tags `<ABBR>` oder `<ACRONYM>` spezifiziert werden.

---

[1] http://www.w3.org/TR/WAI-WEBCONTENT-TECHS/#gl-abbreviated-and-foreign

Richtlinien für Webinhalte

Beispiel:

```
Welcome to the
<ACRONYM title="World Wide Web">WWW</ACRONYM>!

First name
<ABBR title="Social Security Number">SS#</ABBR>
```

Quellcode 14 – ACRONYM und ABBR Tags zur Spezifizierung von Abkürzungen

Checkpunkt 4.3 – Priorität 3

Die vorherrschende Sprache eines Dokuments sollte ebenfalls mit dem LANG Attribut im HTML-Tag kenntlich gemacht werden.

Beispiel BFS:

```
<!DOCTYPE HTML PUBLIC "-//W3C//DTD HTML 4.0
Transitional//EN">

<HTML LANG="DE">
<HEAD>
   <TITLE>BFS Dienstleistungen</TITLE>
```

Quellcode 15 – Angabe der Dokumentsprache mit HTML-Attribut LANG

Accessibility an Beispielen

4.3.5 Richtlinie 5 – Tabellen

"Es muss dafür gesorgt werden, dass Tabellen die nötigen Markup Elemente haben, um von zugänglichen Browsern transformiert werden zu können."[1] Tabellen sollten verwendet werden, um tatsächlich tabellarische Daten (Datentabellen) zu kennzeichnen. Entwickler von Inhalten sollten es vermeiden sie für das Seitenlayout zu verwenden (Layouttabellen). Tabellen, gleichgültig zu welchem Zweck, bedeuten spezielle Probleme für die Benutzer von Screen Readern.

Manche Benutzeragenten erlauben es Benutzern, zwischen Zellen von Tabellen zu navigieren und greifen auf Überschriften und andere Informationen über Tabellenzellen zu. Solange kein korrekter Markup verwendet wird, halten Tabellen für die Benutzeragenten keine angemessenen Informationen bereit.

Die folgenden Checkpunkte kommen unmittelbar Benutzern zugute, die auf eine Tabelle über das Gehör zugreifen (zum Beispiel einen Screen Reader oder einen Bordcomputer im Auto) oder die zu einem Zeitpunkt nur einen Teil einer Seite sehen können (zum Beispiel Blinde oder sehbehinderte Benutzer mit Sprachausgabe oder einem Blindenschrift-Display, oder andere Benutzer von Geräten mit kleinen Displays).

Checkpunkt 5.1 – Priorität 1
Zeilen und Spaltenüberschriften müssen bei Datentabellen gekennzeichnet werden. In HTML erfolgt dies mit den Tags <TD> für Datentabellen und <TH> für Überschriften.

---

[1] *http://www.w3.org/TR/WAI-WEBCONTENT-TECHS/#gl-table-markup*

Beispiel BFS:

```
<TABLE>
    <TR>
        <TH>Bevölkerung (in Tausend)</TH>
        <TH>Jahr</TH>
    </TR>
    <TR>
        <TD>123.456,789</TD>
        <TD>1999</TD>
    </TD>
...
```

Quellcode 16 – Verwendung von TH für Tabellenüberschriften und TD für Datenzellen

Checkpunkt 5.2 – Priorität 1

Haben Tabellen zwei oder mehr logische Ebenen von Zeilen- oder Spaltenüberschriften, müssen mit Hilfe der HTML-Tags <THEAD>, <TFOOT>, <TBODY> Zeilen und mit den Tags <COL> und <COLGROUP> Spalten gruppiert werden. Die Attribute 'AXIS', 'SCOPE' und 'HEADERS' können weiter dazu dienen, komplexere Zusammenhänge zwischen Daten zu beschreiben.

Beispiel BFS:

```
<TABLE>
<THEAD>
        <TR>
    <TH SCOPE="COL">Bevölkerungsanzahl</TH>
    <TH SCOPE="COL">Jahr</TH>
        </TR>
</THEAD>
<TBODY>
        <TR>
        <TD AXIS="Bevölkerungszahl">123.456,789</TD>
    <TD AXIS="Jahr">1999</TD>
        </TR>
...
```

Quellcode 17 – Darstellung der Zusammenhänge mit SCOPE=COL und AXIS aus Quellcode 16

Accessibility an Beispielen

Checkpunkt 5.3 – *Priorität 2*

Es dürfen keine Tabellen verwendet werden, wenn diese in linearisierter Form keinen Sinn ergeben. Falls die Tabelle keinen Sinn ergibt, muss ein alternatives Äquivalent zur Verfügung gestellt werden.

	Essen	Hotel	Transport	Zwischensumme
San Jose				
25-Aug-97	37.74	112.00	45.00	
26-Aug-97	27.28	112.00	45.00	
Zwischensumme	65.02	224.00	90.00	379.02
Seattle				
27-Aug-97	96.25	109.00	36.00	
28-Aug-97	35.00	109.00	36.00	
Zwischensumme	131.25	218.00	72.00	421.25
Gesamtsumme	**196.27**	**442.00**	**162.00**	**800.27**

Abbildung 30 – Nicht linearisierte Tabelle, Inhalte ergeben horizontal gelesen keinen Sinn

Checkpunkt 5.4 – *Priorität 2*

Falls Tabellen zu Formatierungszwecken genutzt werden, darf kein strukturelles Markup zur visuellen Formatierung verwendet werden. Layouttabellen dürfen also nie ein <TH> Tag besitzen.

Checkpunkt 5.5 – *Priorität 3*

Werden Daten mit Hilfe einer Tabelle dargestellt, sollte eine Zusammenfassung des Inhaltes im SUMMARY-Attribut zur Verfügung gestellt werden. Diese ist beim normalen User-Agent nicht sichtbar, Screen Reader zum Beispiel lesen dies jedoch vor.

Beispiel BFS:

```
<table summary="Diese Tabelle vergleicht verschiedene
Aspekte der Bevölkerungstruktur zwischen der
Schweiz und Österreich.">

       <thead>
       <tr>
       <th scope="col">
...
```

Quellcode 18 – SUMMARY-Attribut zur Beschreibung von Inhalten bei Datentabellen

Checkpunkt 5.6 – *Priorität 3*

Bei Spaltenüberschriften kann auch bei Tabellen das ABBR-Attribut verwendet werden, um eine Abkürzung der Überschrift zu hinterlegen. In Zukunft wird es eine Funktionalität bei Screen Readern geben, die auch innerhalb der Tabelle die zugehörigen Überschriften zusammen mit dem Inhalt wiedergeben kann.

4.3.6 Richtlinie 6 – Unabhängigkeit

"**Sorgen Sie dafür, dass Seiten auch dann zugänglich sind, wenn neuere Technologien nicht unterstützt werden oder abgeschaltet sind.**"[1]

Entwickler sollen den Einsatz neuer Technologien zur Lösung von Problemen, die von existierenden Technologien aufgeworfen werden, nicht vernachlässigen. Sie sollten jedoch wissen, wie sie es erreichen können, dass ihre Seiten weiterhin funktionieren, wenn ältere Browser zum Einsatz kommen oder wenn Benutzer sich entscheiden, Features abzuschalten oder nicht zu benutzen.

Checkpunkt 6.1 – *Priorität 1*

Der Aufbau eines Dokuments muss logisch und in einer sinnvollen Reihenfolge sein, damit bei abgeschalteten Style Sheets bzw. bei nicht unterstützten Style Sheets das Dokument korrekt angezeigt wird.

---

[1] *http://www.w3.org/TR/WAI-WEBCONTENT-TECHS/#gl-new-technologies*

Accessibility an Beispielen

Checkpunkt 6.2 – *Priorität 1*

Falls äquivalente Versionen einer Webseite bestehen (zum Beispiel NOSCRIPT-Versionen) muss dafür gesorgt werden, dass das Äquivalent beim Update des dynamischen Inhalts ebenfalls aktualisiert wird.

Beispiel:

```
<SCRIPT type="text/tcl">
    ...Tcl Script um Sportergebnisse anzuzeigen...
</SCRIPT>

<NOSCRIPT>
        <P>Ergebnisse der gestrigen Spiele:</P>
        <DL>
                <DT>Bulls 91,   Sonics 80.
                <DD><A href="bullsonic.html">Bulls vs. Sonics Highlights</A>
                ...weitere Ergebnisse...
        </DL>
</NOSCRIPT>
```

Quellcode 19 – Beispiel für eine Kombination aus dynamischem und statischem Inhalt

Checkpunkt 6.3 – *Priorität 1*

Es muss dafür gesorgt werden, dass Seiten mit Scripts, Applets und anderen programmierten Objekten verwendbar bleiben, wenn diese Objekte abgeschaltet sind oder ihre Anzeige nicht unterstützt wird. Falls dies nicht möglich ist, müssen äquivalente Informationen auf einer alternativ zur Verfügung gestellten Seite bereitgestellt werden.

Beispiel dafür sind Links, die Scripts auslösen. In diesem Fall kann ein Text-Äquivalent im NOSCRIPT Bereich zur Verfügung gestellt oder ein serverseitiges Script verwendet werden.

Checkpunkt 6.4 *– Priorität 2*

Die Behandlung von Eingaben bei Scripts und Applets muss unabhängig vom Eingabegerät sein. So kann zum Beispiel bei der Verwendung von 'onmousedown' zusätzlich 'onkeydown', bei 'onmouseup' 'onkeyup' und bei 'onclick' 'onkeypress' als zusätzlicher Eventhandler verwendet werden.

Achtung: In HTML 4.01 gibt es kein Tastaturäquivalent zu 'ondblclick' für den Doppelklick mit der Maus.

Ausserdem sollte auf die Verwendung von Eventhandlern verzichtet werden, die Maus-Koordinaten verwenden, da diese Eingabegerätunabhängigkeit verhindern.

Checkpunkt 6.5 *– Priorität 2*

Dynamische Inhalte müssen zugänglich sein bzw. durch Alternativen bereitgestellt werden.

Beispiel:

```
<HEAD>
<TITLE>Welcome to the Virtual Mall!</TITLE>
<LINK title="Text-only version"
      rel="alternate"
      href="text_only"
      media="aural, braille, tty">
</HEAD>
<BODY><P>...</BODY>
```

Quellcode 20 – Benutzeragenten die LINK unterstützen, laden die alternative Seite für Browser die sich als 'aural', 'braille' oder 'tty' identifizieren

Accessibility an Beispielen

4.3.7 Richtlinie 7 – Zeitgesteuerte Inhalte

"Sorgen Sie für eine Kontrolle des Benutzers über zeitgesteuerte Änderungen des Inhalts."[1]

Es muss dafür gesorgt werden, dass bewegte, scrollende oder sich automatisch ändernde Objekte oder Seiten angehalten oder gestoppt werden können, da Menschen mit kognitiven oder visuellen Behinderungen nicht in der Lage sein können, bewegten Text schnell genug oder überhaupt lesen zu können. Bewegung kann so stark ablenken, dass relevanter Inhalt einer Seite von Menschen mit kognitiver Behinderung gar nicht wahrgenommen wird. Auch Screen Reader können bewegten Text nicht lesen.

Anmerkung: Alle nachfolgenden Checkpunkte beinhalten eine gewisse Verantwortung des Entwicklers, bis Benutzeragenten eine angemessene Kontrolle über die Features bereitstellen.

Checkpunkt 7.1 – Priorität 1

Bildschirmflackern muss unbedingt vermieden werden, da zum Beispiel Menschen mit photosensitiver Epilepsie Anfälle erleiden, die durch Flackern oder Aufblitzen im Bereich von 4-59 Hertz oder durch schnelle Wechsel von Hell nach Dunkel ausgelöst werden können.

Checkpunkt 7.2 – Priorität 2

Da Benutzeragenten noch keine Kontrolle über das Blinken auf Webseiten ermöglichen, sollten blinkende Inhalte vermieden werden.

Checkpunkt 7.3 – Priorität 2

Auch Bewegungen in Seiten sollten vermieden werden, bis es Benutzeragenten erlauben diese zu unterbrechen. Die Verwendung von Style Sheets mit Scripts, um Bewegung zu erzeugen, macht es den Benutzern einfacher, den Effekt abzuschalten oder zu ändern als die direkte Einbettung in einem Script oder Applet.

Checkpunkt 7.4 – *Priorität 2*

Da Benutzeragenten nicht zulassen, automatische Aktualisierungen von Webseiten mittels 'HTTP-EQUIV=refresh' zu stoppen, sollte dies ebenfalls vermieden werden.

```
negatives Beispiel:

<META http-equiv="refresh" content="60">
<BODY>
<P>...Information...
</BODY>
```

Quellcode 21 – Verwendung HTTP-EQUIV sollte vermieden werden

Checkpunkt 7.5 – *Priorität 2*

Die automatische Weiterleitung mittels Redirect sollte ebenfalls nicht im Markup codiert werden, sondern serverseitig konfiguriert werden, damit der Server die Weiterleitung veranlasst.

Anmerkung: Die Elemente BLINK und MARQUEE sind in keiner HTML-Spezifikation des W3C definiert und sollten nicht verwendet werden.

---

[1] *http://www.w3.org/TR/WAI-WEBCONTENT-TECHS/#gl-movement*

Accessibility an Beispielen

4.3.8 Richtlinie 8 – Benutzerschnittstellen

"Sorgen Sie für direkte Zugänglichkeit eingebetteter Benutzerschnittstellen."[1]

Es muss dafür gesorgt werden, dass die Benutzerschnittstelle den Prinzipien zugänglichen Designs folgt: geräteunabhängiger Zugriff auf die Funktionalität und Bedienbarkeit über die Tastatur.

Wenn ein eingebettetes Objekt seine 'eigene Schnittstelle' hat, muss die Schnittstelle, wie die des Browsers selbst, zugänglich sein. Wenn die Schnittstelle des eingebetteten Objekts nicht zugänglich gemacht werden kann, muss eine alternative zugängliche Lösung bereitgestellt werden.

***Checkpunkt 8.1** – Priorität 1 wenn Information wichtig, sonst Priorität 2*
Scripte und Applets müssen direkt zugänglich bzw. kompatibel mit assistiven Technologien sein.

---

[1] *http://www.w3.org/TR/WAI-WEBCONTENT-TECHS/#gl-own-interface*

4.3.9 Richtlinie 9 – Geräteunabhängigkeit

"Wählen Sie ein geräteunabhängiges Design."[1]

Geräteunabhängiger Zugriff bedeutet, dass der Benutzer mit dem Benutzeragenten oder Dokument über sein bevorzugtes Eingabegerät (oder Ausgabegerät) umgeht – Maus, Tastatur, Sprache, Kopfstab oder sonstiges. Wenn zum Beispiel ein Kontrollelement eines Formulars nur mit einer Maus oder einem anderen Zeigegerät aktiviert werden kann, wird jemand, der die Seite nicht sieht, oder Spracheingabe oder ein anderes zeigerloses Eingabegerät benutzt, nicht in der Lage sein, das Formular zu benutzen.

Anmerkung: Die Bereitstellung von Text-Äquivalenten für Imagemaps oder Bilder, die als Links benutzt werden, macht es Benutzern möglich, diese Links ohne Zeigegerät zu benutzen. Siehe auch Richtlinie 1.

Allgemein sind Seiten, die eine Bedienung über die Tastatur erlauben, auch über Spracheingabe oder eine Kommandozeilen-Schnittstelle zugänglich.

Checkpunkt 9.1 – Priorität 1

Clientseitige Imagemaps müssen serverseitigen vorgezogen werden. Eine Ausnahme dieser Regel kann gemacht werden, wenn die Regionen einer Imagemap nicht mit den verfügbaren geometrischen Formen definiert werden können (siehe auch Checkpunkte 1.1, 1.2 und 1.5).

Checkpunkt 9.2 – Priorität 2

Jedes Element, das über eine eigene Schnittstelle verfügt, muss in geräteunabhängiger Weise bedient werden können (siehe auch Richtlinie 8).

---

[1] *http://www.w3.org/TR/WAI-WEBCONTENT-TECHS/#gl-device-independence*

Accessibility an Beispielen

Checkpunkt 9.3 *– Priorität 2*

In Scripts sollen logische- anstelle von geräteabhängigen Eventhandlern verwendet werden.

Checkpunkt 9.4 *– Priorität 3*

Links, Formularelemente und Objekte sollen in einer logischen Tab-Reihenfolge definiert werden. Dies sollte primär durch logisches Seitendesign geschehen, kann aber auch durch das HTML-Attribut TABINDEX erfolgen.

Beispiel BFS:

```
<form name="contact" action="" method="post">

  Vorname *
  <input type="text" tabindex="1" name="first">

  Name *
  <input type="text" tabindex="2" name="last">

  Adresse *
  <input type="text" tabindex="3" name="address">

  ...
```

Quellcode 22 – Festlegung einer Reihenfolge bei Formularelementen mit Hilfe des HTML-Attributs TABINDEX

Checkpunkt 9.5 – *Priorität 3*

Zur besseren Accessibility sollen Tastatur-Kurzbefehle (Shortcuts mit Hilfe des HTML-Attributs ACCESSKEY) für wichtige Links (zum Beispiel die der First-Level Navigation) und andere wichtige Bereiche einer Webseite, wie clientseitige Imagemaps und Formularelemente, bereitgestellt werden.

Beispiel BFS:

```
<a href="new.html" accesskey="1">NEWS</a>
<a href="ser.html" accesskey="2">DIENSTLEISTUNGEN</a>
<a href="ins.html" accesskey="3">INSTITUTIONEN</a>
<a href="the.html" accesskey="4">THEMEN</a>
<a href="reg.html" accesskey="5">REGIONEN</a>
...
```

Quellcode 23 – Shortcuts für Links einer First-Level Navigation mit dem ACCESSKEY-Attribut

Accessibility an Beispielen

4.3.10 Richtlinie 10 – Interim-Lösungen

"Verwenden Sie Interim-Lösungen."[1]

Interim-Zugänglichkeitslösungen können verwendet werden, damit assistive Technologien und ältere Browser korrekt funktionieren. Ältere Browser erlauben beispielsweise keine Navigation zu leeren Textboxen. Ältere Screen Reader lesen Listen von aufeinander folgenden Links als einen einzigen. Der Zugriff auf diese aktiven Elemente ist daher schwierig oder unmöglich. Des Weiteren kann eine Änderung des aktuellen Fensters oder das Erscheinen eines neuen Fensters eine desorientierende Wirkung auf Benutzer haben, die nicht sehen können, was passiert ist.

Anmerkung: Diese Checkpunkte sind als 'vorläufig' eingestuft. Die WAI-Arbeitsgruppe erwartet jedoch nicht, dass diese Checkpunkte in der Zukunft nötig sein werden, wenn vorweggenommene Features und Fähigkeiten Teil von Webtechnologien geworden sind.

Checkpunkt 10.1 – Priorität 2

PopUps und das unangekündigte Erscheinen anderer bzw. neuer Fenster sollte unbedingt vermieden werden, bis es möglich ist mit Hilfe des Benutzeragenten die Erzeugung neuer Fenster zu unterbinden. Das ist wichtig um blinde User nicht mit Fensterfluten zu verwirren und zu verunsichern. Beispielsweise sind HTML Frames, deren Ziel ein neues Fenster (`target="_blank"`) ist, für blinde User nicht zugänglich.

Checkpunkt 10.2 – Priorität 2

Bei Formularelementen mit impliziten Beschriftungen muss dafür gesorgt werden, dass die Beschriftung korrekt positioniert ist. Eine explizite Zuordnung von Beschriftung und Formularelement mit dem HTML-Tag `LABEL` wird nur von wenigen Benutzeragenten unterstützt.

---

[1] *http://www.w3.org/TR/WAI-WEBCONTENT-TECHS/#gl-interim-accessibility*

Beispiel BFS:

```
<form name="contact" action="" method="post">

    <label for="first">Vorname * </label>
    <input type="text" name="first" id="first">

    <label for="last">Name * </label>
    <input type="text" name="last" id="last">

    <label for="address">Adresse * </label>
    <input type="text" name="address" id="address">

...
```

Quellcode 24 – Zuordnung von Beschriftung und Formularelement mit LABEL-Tag

Ein weiterer Vorteil der Verwendung von LABEL zeigt sich in Sachen Usability im Internet Explorer.

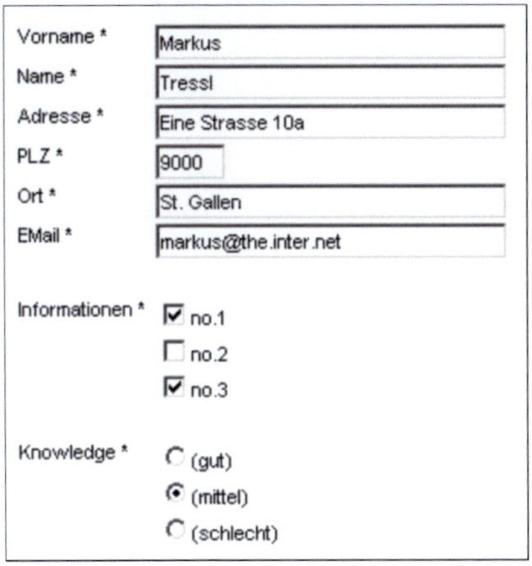

Vorname *	Markus
Name *	Tressl
Adresse *	Eine Strasse 10a
PLZ *	9000
Ort *	St. Gallen
EMail *	markus@the.inter.net

Informationen * ☑ no.1
               ☐ no.2
               ☑ no.3

Knowledge * ○ (gut)
             ● (mittel)
             ○ (schlecht)

Abbildung 31 – Ein Klick auf Vorname aktiviert das Eingabefeld, ein Klick auf beispielsweise 'mittel' selektiert direkt den Radiobutton

Die explizite Zuordnung von Beschriftung und Formularelement erlaubt es dem User beispielsweise auf die Beschriftung eines Feldes zu klicken; im Fall von Eingabefeldern wird das Feld aktiviert und es kann mit der Eingabe begonnen

Accessibility an Beispielen

werden, im Fall von Checkboxen und Radiobuttons wird beim Klick auf die Beschriftung das entsprechende Element aktiviert.

Checkpunkt 10.3 – *Priorität 3*

Ist Text in Datentabellen mit parallelen Spalten mit Zeilenumbruch enthalten, sollte für ältere Benutzeragenten eine lineare Textalternative zur Verfügung gestellt werden.

Beispiel:

Eine Tabelle auf dem Bildschirm könnte so aussehen:

| *There is a 30% chance of rain showers this morning, but they should stop before the weekend.* | *Classes at the University of Wisconsin will resume on September 3rd.* |

Ein Screen Reader könnte sie aber so vorlesen:

There is a 30% chance of Classes at the University of Wisconsin rain showers this morning, but they will resume on September 3rd. should stop before the weekend.

Abbildung 32 – Mögliche Probleme bei Tabellen mit Texten und Zeilenumbrüchen

Checkpunkt 10.4 – Priorität 3

Damit leere Formularelemente korrekt behandelt werden, sollten die Felder mit Zeichen als Platzhalter vorbesetzt werden. Dies gilt für die HTML-Elemente `TEXTAREA` und `INPUT`.

Beispiel:

```
<FORM action="" method="post">
    <TEXTAREA name="name" rows="20" cols="80">
    Please enter your name here.
    </TEXTAREA>
    <INPUT type="submit" value="Send"><INPUT type="reset">
</FORM>
```

Quellcode 25 – Vorbelegung einer `TEXTAREA` als Platzhalter

Checkpunkt 10.5 – Priorität 3

Nebeneinander liegende Links ohne Trennzeichen können von assistiven Technologien nicht getrennt dargestellt werden. Deshalb sollten zwischen den Links druckbare Zeichen, die nicht zu dem Link gehören, umgeben von Leerzeichen, als Platzhalter eingefügt werden.

Beispiel BFS:

```
<a href="de.html">de</a> /
<a href="en.html">en</a> /
<a href="fr.html">fr</a> /
<a href="it.html">it</a>
```

Quellcode 26 – '/' als Trennzeichen zwischen Links zur Sprachwahl

Accessibility an Beispielen

Abbildung 33 – Trennzeichen zwischen nebeneinander liegenden Links

4.3.11 Richtlinie 11 – W3C Standards

"Verwenden Sie W3C-Technologien und -Richtlinien."[1]

Die aktuellen Richtlinien empfehlen W3C-Technologien, wie zum Beispiel HTML, CSS, etc., aus folgenden Gründen:

- W3C-Technologien enthalten 'eingebaute' Zugänglichkeits-Features,

- W3C-Technologien werden frühzeitig überprüft, um sicherzustellen, dass Fragen der Zugänglichkeit in der Design-Phase berücksichtigt werden,

- W3C-Technologien werden in einem offenen, auf Industrie-Konsens basierenden Prozess entwickelt.

Viele Nicht-W3C-Formate wie beispielsweise PDF oder Shockwave erfordern zum Betrachten entweder PlugIns oder eigenständige Anwendungen. Oft erlauben diese Formate kein Betrachten oder keine Navigation mit Standard Benutzeragenten.

Anmerkung: Die Konvertierung von Dokumenten wie PDF, PostScript, RTF in W3C-Markup-Sprachen (HTML, XML) ergibt nicht immer ein zugängliches Dokument. Daher muss nach der Konvertierung jede Seite auf Zugänglichkeit und Verwendbarkeit überprüft werden.

---

[1] *http://www.w3.org/TR/WAI-WEBCONTENT-TECHS/#gl-use-w3c*

Checkpunkt 11.1 – Priorität 2

Wann immer verfügbar, sollten W3C-Technologien verwendet werden, um eine bestmögliche Accessibility zu gewährleisten. Dabei sollte auch immer die neueste verfügbare Version der jeweiligen Technologie verwendet werden. Die Referenzliste für Informationen über die neuesten W3C-Spezifikationen findet man unter '*http://www.w3.org/TR*'.

Checkpunkt 11.2 – Priorität 2

Überholte Features von W3C-Technologien sollten unbedingt vermieden werden. Dies bedeutet beispielsweise das Verwenden des HTML `FONT`-Elements, stattdessen Style Sheets und das `FONT`-Property in CSS verwendet werden sollten.

Checkpunkt 11.3 – Priorität 3

Informationen sollen so bereitgestellt werden, dass Benutzer Dokumente entsprechend ihren Vorgaben wie Sprache und Typ erhalten können.

Es gibt verschiedene Möglichkeiten den Usern den jeweils gewünschten Inhalt zu bieten:

- ☐ Links zu anderen Versionen desselben Inhalts wie beispielsweise Übersetzungen sollten je nach angestrebter Zielgruppe angeboten werden,

- ☐ der Content Type und die Content Language sollten immer durch Markup angegeben werden, in HTML durch die Attribute `TYPE` und `HREFLANG`,

- ☐ Content Negotiation ('Verhandlungen über den Inhalt') sollte verwendet werden, um den Client mit den geforderten Informationen zu versorgen. Dies kann zum Beispiel die englische Sprachversion einer Webseite sein, für einen Browser, der Englisch fordert.

Accessibility an Beispielen

***Checkpunkt 11.4** – Priorität 1*
Falls es nicht gelingt, eine zugängliche Seite zu erstellen, kann via Link auf eine alternative Seite verwiesen werden, die nach W3C-Technologien zugänglich ist und äquivalente Informationen und Funktionen enthält und ebenso oft aktualisiert wird wie die nicht zugängliche Seite.

Anmerkung: Entwickler von Inhalten sollten nur dann auf alternative Seiten zurückgreifen, wenn alle anderen Lösungen fehlschlagen, weil alternative Seiten im Allgemeinen seltener aktualisiert werden als 'primäre' Seiten. Eine veraltete Seite kann genauso frustrierend sein wie eine die nicht zugänglich ist, da die Information auf der ursprünglichen Seite in beiden Fällen nicht zugänglich ist. Automatisch generierte alternative Seiten mögen zu einer häufigeren Aktualisierung führen, aber Entwickler von Inhalten müssen weiterhin darauf achten, dass die generierten Seiten jederzeit einen Sinn ergeben und dass Benutzer in der Lage sind, in einer Seite zu navigieren, indem sie Links auf den primären Seiten, den alternativen Seiten oder beiden folgen. Bevor auf alternative Seiten zurückgegriffen wird, sollte das Design der Originalseite überdacht und womöglich überarbeitet werden; sie zugänglich zu machen verbessert sie wahrscheinlich für alle Benutzer.

4.3.12 Richtlinie 12 – Kontext und Orientierung

"Stellen Sie Informationen zum Kontext und zur Orientierung bereit."[1]

Damit Benutzern das Verständnis komplexer Seiten oder Elemente erleichtert wird, muss für die Gruppierung von Elementen und die Bereitstellung von Kontext-Informationen über die Beziehungen zwischen den Elementen gesorgt werden.

---

[1] *http://www.w3.org/TR/WAI-WEBCONTENT-TECHS/#gl-complex-elements*

Komplexe Beziehungen zwischen Teilen einer Seite sind möglicherweise für Menschen mit kognitiven Behinderungen und Menschen mit visuellen Behinderungen schwer zu interpretieren.

Checkpunkt 12.1 – *Priorität 1*

Falls Frames in einer Webseite verwendet werden, muss jeder Frame betitelt werden um die Navigation und die Identifikation zu erleichtern. Dazu wird in HTML das `TITLE`-Attribut für `FRAME`-Elemente verwendet.

Beispiel:

```
<HTML>
<HEAD>
<TITLE>Ein einfaches Frame Beispiel</TITLE>
</HEAD>

<FRAMESET cols="10%, 90%"
          title="Elektronische Dokumente">

<FRAME src="nav.html" title="Navigation bar">
<FRAME src="doc.html" title="Documents">

<NOFRAMES>
<A href="lib.html" title="Library link">
          Hier gehts zur Sammlung der Dokumente</A>
</NOFRAMES>

</FRAMESET>
```

Quellcode 27 – `TITLE`-Attribut zur genauen Identifizierung von Frames

Accessibility an Beispielen

***Checkpunkt 12.2** – Priorität 2*

Wenn aus der `TITEL`-Beschreibung eines Frames nicht genau hervor geht, was der Zweck und die Beziehung von Frames untereinander ist, sollte zur besseren Beschreibung das HTML-Attribut `LONGDESC` oder ein Beschreibungslink verwendet werden.

Beispiel:

```
...

<FRAMESET rows="20%,*">
<FRAME src="promo.html" name="promo" title="promotions">
<FRAME src="sitenavbar.html" name="navbar"
title="Sitewide navigation bar" longdesc=
"frameset-desc.html#navbar">
</FRAMESET>

<FRAME src="story.html" name="story" title="Selected story -
main content" longdesc="frameset-desc.html#story">

...
```

Die Datei *frameset-desc.html* könnte folgendermassen aussehen:

```
#Navbar  - this frame provides links to the major
           sections of the site: World News, National News,
           Local News, Technological News,
           and Entertainment News.

#Story   - this frame displays the currently selected story.
```

Quellcode 28 – LONGDESC-Verweis zur exakten Beschreibung von Frameinhalten

Checkpunkt 12.3 – *Priorität 2*

Grosse Informationsblöcke sollten in leichter zu handhabende Gruppen unterteilt werden. `OPTION`-Elemente in einem `SELECT`-Element können mit `OPTGROUP` gruppiert werden, Formularelemente mit `FIELDSET` und `LEGEND`.

Beispiel:

```
<FORM action="" method="post">

<FIELDSET>

<LEGEND>Personal information</LEGEND>

First name:
<INPUT type="text" id="firstname">

Last name:
<INPUT type="text" id="lastname">

</FIELDSET>

</FORM>
```

Quellcode 29 – Gruppierung von Formularelementen mit `FIELDSET` und `LEGEND`

Überschriften (`<H1>`, `<H2>`) helfen ausserdem ein Dokument zu strukturieren.

Beispiel BFS:

```
<h1>Bevölkerungsstruktur in der Schweiz</h1>
<h2>Kantonale Stuktur</h2>
...Text...
<h2>Stuktur in den Städten</h2>
...Text...
```

Quellcode 30 – `<H1>` und `<H2>` zur Strukturierung von grossen Textblöcken

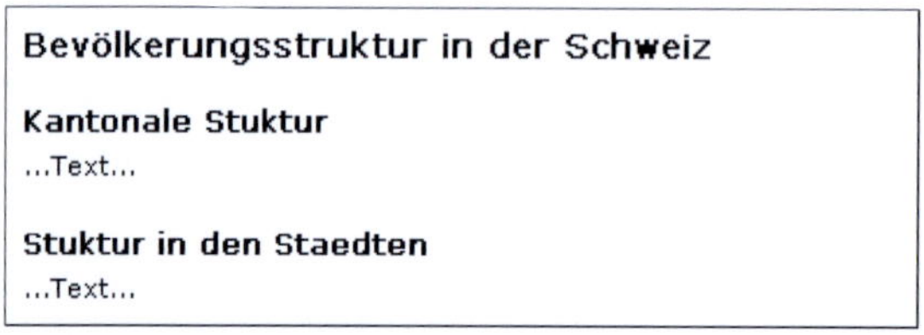

Accessibility an Beispielen

> **Bevölkerungsstruktur in der Schweiz**
>
> **Kantonale Stuktur**
> ...Text...
>
> **Stuktur in den Staedten**
> ...Text...

Abbildung 34 – Überschriften nur zur Strukturierung verwenden, nicht als Effekt

Checkpunkt 12.4 – Priorität 2

Beschriftungen von Formularelementen müssen mittels des LABEL-Tags und dem FOR-Attribut explizit zugeordnet werden.

> **Beispiel:**
> ```html
> <LABEL for="first">First name:
>     <INPUT type="text" id="first">
> </LABEL>
> ```

Quellcode 31 – Beschriftung und Formularelement werden mit LABEL zugeordnet

4.3.13 Richtlinie 13 – Navigation

"Stellen Sie klare Navigationsmechanismen bereit."[1]

Informationen zur Orientierung, Navigationsleisten und eine Sitemap erhöhen die Wahrscheinlichkeit, dass eine Person auf einer Seite das findet, was sie sucht. Ausserdem sind klare und konsistente Navigationsmechanismen wichtig für Menschen mit kognitiven Behinderungen oder Blindheit und kommen ebenfalls allen anderen Benutzern zugute.

---

[1] *http://www.w3.org/TR/WAI-WEBCONTENT-TECHS/#gl-facilitate-navigation*

Checkpunkt 13.1 – Priorität 2

Linktext sollte aussagekräftig genug sein, um einen Sinn zu ergeben, wenn er ausserhalb seines Kontexts gelesen wird; entweder für sich alleine oder als Teil einer Folge von Links. Zugleich sollte ein Linktext möglichst knapp sein. *'Informationen über Version 4.3'* anstelle von *'Hier klicken'* ist wesentlich aussagekräftiger und beschreibt das Ziel des Links genauer. Zu einem klaren Linktext können Entwickler von Inhalten das Ziel eines Links zusätzlich klar stellen, indem sie einen informativen Titel, in HTML mit dem `TITLE`-Attribut, verwenden.

Beispiel:
```
<A href="doc.html">Mein Dokument in HTML</A>,
<A href="doc.pdf" title="Dokument als PDF">PDF</A>,
<A href="doc.txt" title="Dokument als Text">Plain Text</A>
```

Quellcode 32 – Aussagekräftiger Linktext und `TITLE`-Attribut zur Beschreibung

Checkpunkt 13.2 – Priorität 2

Um semantische Information zu Seiten und Präsenzen hinzuzufügen, sollten Metadaten bereitgestellt werden. Mit Hilfe des Resource Description Framework[1] (RDF) können Informationen über den Autor oder den Typ des Dokuments hinterlegt werden.

Checkpunkt 13.3 – Priorität 2

Informationen zum allgemeinen Layout einer Seite sollten zum Beispiel über eine Sitemap oder ein Inhaltsverzeichnis zur Verfügung gestellt werden. Ausserdem sollten Zugänglichkeitsfeatures in der Beschreibung einer Seite hervorgehoben und erläutert werden.

---

[1] *http://www.w3.org/TR/REC-rdf-syntax*

Accessibility an Beispielen

Checkpunkt 13.4 – *Priorität 2*

Navigationsmechanismen sollten in konsistenter Weise verwendet werden, damit sich der User einer Webseite auf jeder Unterseite sofort zurechtfindet und damit User mit kognitiven Behinderungen oder Blinde sich auf ein einmal erlebtes Seitenlayout verlassen können.

Checkpunkt 13.5 – *Priorität 3*

Navigationsleisten helfen, den Navigationsmechanismus hervorzuheben und den Zugriff darauf zu erleichtern und zu ermöglichen.

Checkpunkt 13.6 – *Priorität 3*

Verwandte Links sollten gruppiert werden, die Gruppe sollte für Benutzeragenten identifiziert werden, und das Überspringen der Gruppe oder Navigation sollte ermöglicht werden.

Beispiel BFS:

```
<a href="#content">
        <img src="img/x.gif" alt="Direkt zum Content">
</a>
```

Quellcode 33 – Anchor-Link zum Überspringen einer Navigation

Checkpunkt 13.7 – *Priorität 3*

Falls die Webseite eine Suchfunktion bietet, sollten verschiedene Arten der Suche ermöglicht werden, je nach Fähigkeiten und Vorlieben der Besucher. Beispiele wären eine einfache und eine erweiterte Suche.

Checkpunkt 13.8 – *Priorität 3*

An den Anfang von Überschriften, Absätzen, Listen usw. sollte immer unterscheidungskräftige Information platziert werden, damit die einzelnen Elemente gut voneinander unterschieden werden können.

Anmerkung: Dies wird auch als 'Front-Loading' bezeichnet und ist besonders hilfreich für Menschen, die auf Information mit seriellen Geräten wie Sprachgeneratoren zugreifen.

Checkpunkt 13.9 – *Priorität 3*

Es sollte bei Dokumenten, die aus mehreren Seiten bestehen, die Informationen über die Zusammenstellung der Dokumente bereitgestellt werden. In HTML kann die Zusammenstellung von Dokumenten mit dem LINK-Tag und dem REL- und REV-Attribut spezifiziert werden.

Beispiel:

Die folgenden LINK-Tags könnten im Dokumentenheader von Kapitel 2 eines HTML-Buches stehen:

```html
<LINK rel="Next" href="chapter3">
<LINK rel="Prev" href="chapter1">
<LINK rel="Start" href="cover">
<LINK rel="Glossary" href="glossary">
```

Quellcode 34 – Verknüpfung von einzelnen Dokumenten mit Hilfe des LINK-Tags

Accessibility an Beispielen

Checkpunkt 13.10 – *Priorität 3*
Bei mehrzeiligen ASCII-Zeichnungen sollte die Möglichkeit bestehen, diese zu überspringen, da diese von beispielsweise Screen Readern Zeichen für Zeichen dem Blinden vorgelesen werden würden.

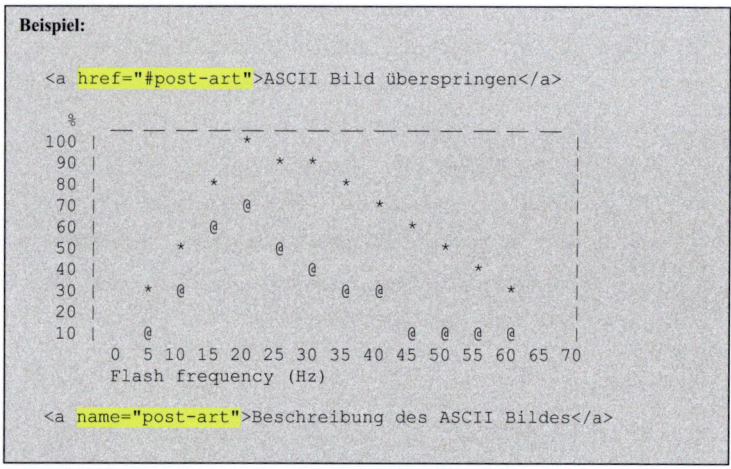

Quellcode 35 – HTML-Anchor zur Überspringung der ASCII-Zeichnung

4.3.14 Richtlinie 14 – Einfachheit

"Sorgen Sie dafür, dass Dokumente klar und einfach gehalten sind."[1]

Damit Dokumente leichter zu verstehen sind, tragen ein konsistentes Seitenlayout, deutliche Grafiken und eine leicht verständliche Sprache zum besseren Verständnis bei und kommen somit allen Benutzern zugute. Sie sind besonders eine Hilfe für Menschen mit kognitiven Behinderungen, welche Schwierigkeiten beim Lesen haben.

---

[1] *http://www.w3.org/TR/WAI-WEBCONTENT-TECHS/#gl-facilitate-comprehension*

Es muss jedoch dafür gesorgt werden, dass Bilder Text-Äquivalente haben für Menschen, die blind sind oder an Sehschwäche leiden sowie für Benutzer, die Grafiken nicht betrachten können oder wollen.

Die Verwendung einer klaren und einfachen Sprache fördert eine effektivere Kommunikation. Der Zugriff auf geschriebene Information kann schwierig sein für Menschen, die kognitive Störungen oder Lernschwierigkeiten haben. Die Verwendung einer klaren und einfachen Sprache kommt auch Menschen zugute, deren Muttersprache sich von der des Seitenentwicklers oder Programmierers unterscheidet, einschliesslich derer, die sich hauptsächlich in Gebärdensprache verständigen.

Checkpunkt 14.1 – Priorität 1
Zur Darstellung des Inhalts einer Webseite muss die klarste und einfachste Sprache verwendet werden, die der Zielgruppe angemessen ist. Dies erleichtert es sowohl kognitiv behinderten Menschen als auch unerfahrenen Webusern den Inhalt der Seiten zu verstehen.

Checkpunkt 14.2 – Priorität 3
Text auf einer Seite sollte zum besseren Verständnis mit grafischen Elementen oder Audiopräsentationen ergänzt werden, damit Besucher der Seite, egal ob unerfahren mit dem Medium Internet oder aber behindert, Hilfestellungen beim Verständnis der Seite erfahren.

Checkpunkt 14.3 – Priorität 3
Der Präsentationsstil einer Webseite sollte über alle Seiten der Präsenz hinweg konsistent sein, damit es nicht zu Irritationen unter den Besuchern kommt.

Accessibility an Beispielen

4.4 Fazit der WCAG 1.0

Es ist deutlich erkennbar, dass die in Version 1.0 der WCAG enthaltenen Richtlinien und Checkpunkte sehr breit gestreut sind. Anhand der erbrachten Beispiele wird ebenfalls deutlich, dass für ein 'normales' Webprojekt (in diesem Fall der Internetauftritt des Schweizer Bundesamts für Statistik), nicht alle Checkpunkte zutreffend sind. Deswegen wurde auch bei den Beispielen, falls diese beim BFS-Projekt nicht relevant waren, Beispiele aus anderen Projekten oder direkt aus den WCAG verwendet.

Die momentan gültigen Web Content Accessibility Guidelines in der Version 1.0 stammen vom 5. Mai 1999. Somit sind sie nach Stand der neuesten Technik und den neuesten Erkenntnissen nicht mehr aktuell. Hierzu gibt es seit 2001 einen Working Draft vom W3C, der die Richtlinien auf Version 2.0 aktualisieren wird.

4.5 WCAG 1.0 vs. 2.0

Welche Änderungen bringt die neue Version der WCAG? Ein Vergleich der beiden Standards ist schwierig, da Version 2.0 vom 22. August 2002 komplett anders aufgebaut ist als Version 1. Als erstes fällt ins Auge, dass von in Version 1.0 vorhandenen 14 Richtlinien nur noch 5 übrig geblieben sind. Diese 5 Richtlinien sind jedoch wesentlich strukturierter. Des Weiteren wurde an der Priorisierung einzelner Checkpunkte gearbeitet.

Die 5 Richtlinien decken folgende Themengebiete ab:

☐ **Richtlinie 1**: *Wahrnehmbarkeit* – Jede dargestellte Information soll von jedem User wahrgenommen werden können,

☐ **Richtlinie 2**: *Betriebsfähigkeit* – Die Elemente des Userinterface können von jedem Benutzer verstanden und angewendet werden,

☐ **Richtlinie 3**: *Navigierbarkeit* – Eine Vereinfachung der Navigation und des Inhaltes,

☐ **Richtlinie 4**: *Verständlichkeit* – So einfach wie möglich, damit jeder den Inhalt verstehen kann,

☐ **Richtlinie 5**: *Robustheit* – Verwendung von Web-Technologien die ein Maximum der Möglichkeiten von aktueller und zukünftiger Accessibility-Technologie ausschöpfen.

In Version 2.0 decken die einzelnen Checkpunkte der Richtlinien folglich mehrere Checkpunkte der Version 1.0 ab. Es bleibt abzuwarten, wann die Version 2.0 der WCAG in Kraft treten wird und vor allem inwiefern die einzelnen Gesetze darauf angepasst werden.

Accessibility an Beispielen

4.6 Usability- und Accessibility-Tests

Usability-Spezialisten kennen eine Vielzahl von Testverfahren, wovon jedes besondere Stärken oder Schwächen hat. Viele erfordern unterschiedliche Vorkenntnisse und unterscheiden sich oft erheblich im Aufwand. Ausserdem spielt es eine Rolle, welche Art von Ergebnis erwünscht wird. Die Palette ist extrem breit gefächert. Von Aufzeichnungen des Verhaltens und der Emotionen der Testpersonen mittels Videokamera und durch Beobachter bis hin zu rein statistischem Zahlenmaterial, das durch Multiple-Choice-Tests oder durch Aufzeichnung der Probanden gewonnen wird.

4.6.1 Das Usability Kartenspiel

Dieser Test kommt zur Anwendung bei Redesingns von Informationsstrukturen, tief greifenden Änderungen an der Seitenarchitektur sowie Optimierungen des Inhalts und des Wordings.

Feste Rubriken werden hierbei auf Karten geschrieben, sowie verschiedene auf der Seite zu behandelnde Themen. Die Testteilnehmer sollen nun die Themen den jeweiligen Rubriken zuordnen. Dadurch sollen intuitiv verständliche Assoziationen erkannt und diese für die Überschriften und Inhaltsgestaltung der Seite genutzt werden.

Vorteilhaft an diesem Testverfahren ist, dass es sehr einfach und mit geringem Aufwand durchführbar ist, die Ergebnisse für den genannten Zweck jedoch sehr brauchbar sind.

4.6.2 Interviews

Aufgrund eines Interviews wird der Benutzer nach seinen Wünschen, Erwartungen, Gedanken und Erfahrungen bezüglich des zu erforschenden Punktes befragt. Idealerweise wird das Interview zur späteren Auswertung aufgezeichnet.

Dieses Interview gibt Aufschluss über bekannte oder latent vorhandene Fehlerquellen. Beispielsweise lassen sich dadurch Gründe für mangelnde Akzeptanz einer Seite finden oder konkrete Fragestellungen wie beispielsweise zum Design der Seite analysieren.

Dieses Verfahren ist in jeder Beziehung sehr aufwendig. Es können immer nur einzelne oder zumindest wenige Testpersonen gleichzeitig befragt werden. Die Auswertung ist ebenfalls zeitaufwendig und die gewonnenen Erkenntnisse sind in hohem Masse subjektiv. Daher setzt die Auswertung einschlägige fachliche Qualifikationen voraus.

4.6.3 Fragebögen

Es werden Testpersonen mit klar definierten Fragen zur Webseite konfrontiert, die mittels Multiple-Choice-Fragebögen beantworten werden sollen. Die Befragung kann auf Papier oder auch Online stattfinden, was die Auswertung erheblich vereinfacht.

Fragebögen zu erstellen und auszuwerten ist sehr zeitintensiv. Es können durch unklare Fragestellungen leicht Missverständnisse entstehen. Dennoch hat ein Fragebogen auch grosse Vorteile. Die erhaltenen Daten sind besonders gut statistisch auswertbar und der einmal erstellte Bogen kann leicht geändert und wiederverwertet werden. Somit können zeitlich versetzt Daten gesammelt und gegenüber gestellt werden, was für eine kontinuierliche Evaluation besonders wertvoll ist.

Fragebögen sind besonders gut zum so genannten Pre-Screening geeignet. Zur Sammlung von demoskopischen Daten für die Qualitätskontrolle, Verfeinerung des Benutzerprofils oder zur genaueren Hinterfragung der Wünsche, Erfahrungen und Erwartungen mit Produkten, Dienstleistungen oder Webseiten. Durch eine geeignete Fragestellung lassen sich fast alle Aspekte der Usability mit lediglich einem Fragebogen testen.

Accessibility an Beispielen

4.6.4 Heuristische Evaluation nach Nielsen und Molich

Mit diesem Werkzeug lassen sich allgemeine Usability-Probleme einer Webseite aufdecken.

Idealerweise bekommen mehrere Tester (meist Usability-Experten) praxisrelevante Aufgaben, die sie mit Hilfe der Webseite lösen sollen. Die hierbei auftretenden Usability-Probleme werden dokumentiert. So erhält man einen Überblick über den Grossteil der auftretenden Probleme.

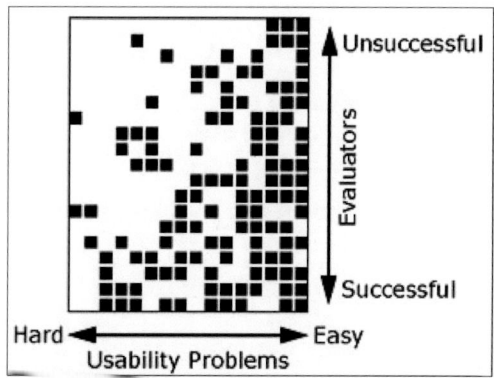

Abbildung 35 – Ergebnismatrix einer heuristischen Evaluation, *Quelle: useit.com*

Die Waagrechte im Diagramm stellt die Anzahl der gefundenen Usability-Probleme dar. Die Senkrechte repräsentiert die Anzahl der Testteilnehmer. Jedes schwarz gefärbte Kästchen repräsentiert ein von einem Tester gefundenes Problem. Die teilnehmenden Testpersonen werden so sortiert, dass derjenige, welcher die meisten Probleme aufgedeckt hat, ganz unten eingetragen wird. Derjenige, der die wenigsten gefunden hat, wird oben in die Matrix eingetragen. Die jeweils gefundenen Probleme werden auf der waagrechten Achse so angeordnet, dass das am seltensten auftretende Problem ganz links steht, das häufigste wird rechts angeordnet. So erkennt man an der Konzentration der schwarzen Rechtecke in der Matrix, welches die schwerwiegenden und welches die weniger relevanten Probleme sind.

Der Nutzen dieses Verfahrens ist sehr hoch, da hierbei insbesondere noch nicht bekannte Probleme aufgedeckt werden können und bereits durch das Auswertungsverfahren in ihrer Bedeutung gewichtet werden. Dem steht allerdings ein hoher zeitlicher Aufwand entgegen.

4.6.5 Iterative Evaluation

Diese Methode findet ihre Anwendung in der ersten Phase einer Webveröffentlichung, um beispielsweise den Grad der intuitiven Nutzung zu testen. Hierfür wird ein Dummy erstellt, dessen Funktionen nur per Formular-Element verlinkt sind. So können Klickrate, Wege, Verweildauer und Zeit für die Lösung einer Aufgabe aufgezeichnet werden. Hierbei wird die Arbeit mit einer Screencam empfohlen, um das Verhalten des Users festzuhalten und später auswerten zu können. Ebenfalls kann der Proband während der Lösung von Aufgaben interviewt und beobachtet werden.

Der Aufwand dieses Verfahrens ist je nach Notwendigkeit, Zeit und Budget sehr gut skalierbar. Es kann auch beliebig oft während einzelner Projektphasen wiederholt werden.

4.6.6 Einzel- & Gruppenevaluation

Dieses Verfahren kann jederzeit angewendet werden und dient zur allgemeinen Einstufung der Usability.

Die Anwendung wird einem Benutzer oder einer Gruppe ganz oder eingeschränkt zur Verfügung gestellt. Sie bekommen einen Katalog mit zu lösenden Aufgaben. Alle Daten, wie die Anzahl der Klicks, die benötigte Zeit, Wege, Mausbewegungen, Erfolg oder Misserfolg werden für eine spätere Auswertung festgehalten.

Die Korrekte Anwendung dieser Methode ist aber recht aufwendig. Die Ergebnisse belegen ausgezeichnet die Effizienz, sagen jedoch noch nichts über das subjek-

Accessibility an Beispielen

tive Empfinden des Benutzers zu einer Webseite aus. Dies kann allerdings für den Erfolg oder Misserfolg entscheidend sein.

4.6.7 Der Runde Tisch

Einige Testpersonen aus der Zielgruppe werden eingeladen und an einen Tisch gesetzt. Anhand eines Fragenkataloges werden verschiedene vom Moderator präsentierte Punkte diskutiert.

Der Runde Tisch findet seine Anwendung bei Re- und Neudesigns, bei der Diskussion für den Einsatz neuer Technologien und das Beschreiten neuer Wege.

4.6.8 Die Methoden in der Praxis

Viele dieser Methoden ergänzen sich sehr gut. So ist es zum Beispiel sinnvoll und praktikabel, einen Fragebogen einzusetzen, der die Methoden der Einzel- und Gruppenevaluation benutzt. Die Ergebnisse eignen sich wiederum hervorragend als Diskussionsgrundlage für den Runden Tisch.

Trotzdem darf nicht ausser Acht gelassen werden, dass der Einsatz eines Tests ganz klar von den zur Verfügung stehenden finanziellen Mitteln abhängt.

Die wichtigsten Usabilitytestverfahren

Methode	Kosten	Pro	Contra
Heuristische Evaluation	200-2000€	günstig	nur für grobe Usabilityprobleme
Einzelevaluation	2000-5000€	Testperson sind Durchschnittsuser	nicht alle Fehler werden gefunden
Gruppenevaluation	1000€ pro Person	grosse Gruppen schliessen auf alle Internetuser	hohe Kosten
Iterative Evaluation	verschieden, je nach Methode	Änderungen im Nachhinein nicht nötig	kann sehr teuer werden

Tabelle 11 – Kosten, Vor- und Nachteile von Usabilitytestverfahren; *Quelle: ibusiness.com*

4.6.9 Auswahl und Durchführung

Zunächst muss entschieden werden, wer die Testpersonen sein sollen. Sollen Personen aus der Zielgruppe involviert oder sind eigene Mitarbeiter ebenfalls als Testpersonen geeignet? Wenn es beispielsweise darum geht, die Intuitivität einer Seite zu testen, sind möglichst unerfahrene Testpersonen am besten geeignet.

Wo sollen die Tests durchgeführt werden? Können die Tests zu Hause, am Arbeitsplatz oder doch lieber unter Laborbedingungen durchgeführt werden?

Ist es notwendig oder eventuell sogar störend die Tests zu beaufsichtigen? Sind fachlich und zeitlich die Kapazitäten vorhanden, um die Tests zu überwachen?

Sollen ein Institut oder eine Beratungsfirma mit einbezogen werden, oder können die Tests selber konzipiert und ausgerichtet werden? Steht für professionelle Unterstützung überhaupt ein Budget zur Verfügung?

4.6.10 Auswertung und Nutzung der Testergebnisse

Nach Möglichkeit sollte darauf geachtet werden, dass die Testergebnisse ohne unnötig grossen Aufwand auswertbar sind. Ausserdem ist es sehr sinnvoll Ergebnisse anzustreben, die reproduzierbar sind. Das ermöglicht die Wieder-holung des Usability-Tests und somit eine Gegenüberstellung zeitlich versetzter Ergebnisdaten. Dadurch wird eine langfristige Qualitätskontrolle und kontinuierliche Evaluation ermöglicht.

Hier sei angemerkt, das ein online Multiple-Choice-Test diese Anforderungen hervorragend erfüllt.

Accessibility an Beispielen

4.6.11 Fazit

Usability-Tests sind ein absolutes Muss für den Betreiber einer kommerziell genutzten Webseite. Die Entscheidung für eine bestimmte Art von Test oder eine spezielle Art der Durchführung hängt ganz von den Gegebenheiten im Unternehmen, den Ressourcen und den angestrebten Zielen ab. Die Bandbreite ist hier ebenso gross wie die unterschiedlichen Auffassungen von Usability selbst. Die Vielzahl der Werkzeuge birgt die Chance für jeden Zweck, jedes Budget und jedes angestrebte Ziel einen individuellen Usability-Test zu entwickeln. Vom kurzen Überfliegen einer Seite bis hin zum gross angelegten Feldversuch mit Videoüberwachung und psychologischen Gutachten, ist alles möglich.

Welche von allen vorgestellten Methoden die Beste und welches Kriterium das Wichtigste ist, lässt sich, wenn überhaupt, nur fallweise beantworten. Über die Qualität der Ergebnisse entscheidet nach Durchführung aller Massnamen einzig und allein der Kunde. Durch den intelligenten Einsatz von Usability-Tests kann ein Optimum an Benutzbarkeit für den User ermittelt werden. Sie sind somit ein mächtiges Werkzeug zur Optimierung von Internetseiten.

Eine sehr gute Sammlung und Übersicht der einzelnen Usability-Testmethoden findet man auf James Hom's *'Usability Methods Toolbox'*[1].

---

[1] *http://jthom.best.vwh.net/usability*

Accessibility Testing und Validating

4.7 Accessibility Testing und Validating

Während der Entwicklung einer barrierefreien Webseite bietet es sich an, in regelmässigen Abständen die Ergebnisse zu überprüfen. Dabei können einem Softwaretools helfen, die entweder von Behinderten direkt benutzt werden oder das '*Look and Feel*' simulieren. Des Weiteren gibt es Validierungstools, mit Hilfe derer man Webseiten auf Konformität mit den bestehenden Standards testen kann.

4.7.1 Testing und Validating Tools

Im Folgenden werden einige Tools und Softwareprodukte vorgestellt, die es dem Entwickler erlauben, seine Arbeit hinsichtlich Barrierefreiheit und Accessibility zu überprüfen.

4.7.2 Vischeck – Farbblindheits-Simulation

Ein Tool welches schon vor der eigentlichen Entwicklung zum Einsatz kommen sollte ist das Photoshop PlugIn Vischeck[1]. Mit Hilfe dieses PlugIns können alle drei auftretenden Arten von Farbblindheit simuliert werden.

 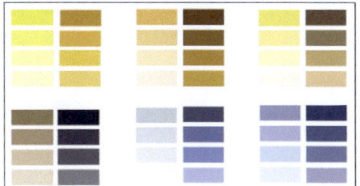

---

[1] *http://www.vischeck.com*

Accessibility an Beispielen

Abbildung 36 – Links oben das Original Farbklima, danach Protan, Deuteran und Tritan

Es bietet sich an, das vom Designer erarbeitete Farbklima mit Vischeck zu bearbeiten und die Ergebnisse genau zu analysieren.

Im oben gezeigten Beispiel sieht man, dass bei den beiden rot-grün Schwächen (rechts oben und links unten) kaum eine Unterscheidung zwischen den Gelb-, Orange- und Grüntönen im Vergleich mit dem Original gemacht werden kann. Sollte das Farbklima für die Entwicklung verwendet werden, muss auf jeden Fall darauf geachtet werden, dass die eben genannten Farben nicht in direktem Kontakt zueinander zur Informationsdarstellung verwendet werden. Farbenblinde haben in diesem Fall grosse Schwierigkeiten die Farben zu unterscheiden.

4.7.3 Screen Reader

Es hat sich gezeigt, dass man mit Hilfe von Screen Readern sehr gute Ergebnisse bei der Entwicklung von barrierefreien Webseiten erzielen kann. Wie schon im Kapitel über Blindheit erwähnt, werden Screen Reader in der Regel als AddOn zum Browser verwendet. Es bedarf einiger Konfigurationsschritte um das gewünschte Ergebnis zu erhalten. Ist ein Screen Reader korrekt eingestellt, bietet er beste Simulationsmöglichkeiten.

Die Firma Freedom Scientific[1] ist einer der führenden Hersteller von Screen Reader und Magnifier Software. Sie haben zwei verschiedene Versionen von Screen

---

[1] *http://www.freedomscientific.com*

Accessibility Testing und Validating

Readern im Angebot. '*JAWS for Windows*' ist das Topprodukt. Es wird nach Aussage eines Blinden von einem Grossteil der sehbehinderten Webuser verwendet.

Abbildung 37 – JAWS for Windows 4.5 von Freedom Scientific

Seit Ende August 2002 steht JAWS in der Version 4.5 zur Verfügung. In dieser Version ist es erstmals möglich, Flash MX Dateien barrierefrei zu 'hören'.

Ein weiteres Produkt von Freedom Scientific ist '*Connect Outloud*'. Dabei handelt es sich wie bei JAWS um einen Screen Reader. Connect Outloud ist jedoch eine in ihrer Funktionalität eingeschränkte Version von JAWS.

Auch IBM betätigt sich auf dem Forschungsgebiet der Sprachsynthese und Bildschirmausgabe. Der IBM Home Page Reader[1] nimmt im Bereich der Screen Reader eine Sonderrolle ein. Er agiert nicht als Browser AddOn, sondern bringt seine eigene Darstellungsengine mit.

Bis zur Einführung von JAWS 4.5 galt das Produkt Webformator[2] als das einzige auf dem Markt, das aus Flash MX Inhalten Screen Reader taugliche Daten extrahieren konnte. Dabei funktioniert Webformator als Schnittstelle zwischen dem normalen Browser und dem Screen Reader. Text oder Bildbeschreibungen können aus der Flash-Datei extrahiert werden. Sie werden im Fenster des Webformators angezeigt, der Screen Reader liest den Inhalt des Webformator Fensters vor.

4.7.4 Braille Surf

---

[1] *http://www-3.ibm.com/able/hpr.html*
[2] *http://www.webformator.com*

Accessibility an Beispielen

Das Tool Braille Surf[1] ist französischen Ursprungs und soll in Kombination mit Braille Hardware funktionieren.

Abbildung 38 – Braille Surf 4

Wenn man keine Braille Hardware besitzt, ist dieser Braille Browser trotzdem ein sehr nützliches Tool zur Validierung von Webseiten.

Die besuchten Seiten werden im 'nur Text' Modus angezeigt. Jegliche Formatierungen werden dabei übergangen. Als Ausgabe auf dem Bildschirm sieht der User was ein Blinder mit Braillepad und Screen Reader 'hören' und 'fühlen' würde.

---

[1] http://www.snv.jussieu.fr/inova/bs4/uk

Accessibility Testing und Validating

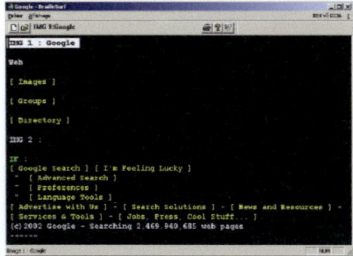

Abbildung 39 – Braille Surf, links *http://www.google.com*, rechts *http://www.namics.com*

In Abbildung 39 (bzw. Anhang Seite 222 und 223) ist zu erkennen, dass weisse Textstellen normaler Text auf einer Webseite sind und gelbe Links darstellen. Werden Links mit Hilfe von Grafiken dargestellt, muss die Grafik ein vernünftiges ALT-Attribut besitzen, ansonsten weiss man nicht, wohin einen der Link führt, wie man im rechten oberen Beispiel sehen kann.

Ein Tool mit ähnlichen 'nur Text' Funktionen wie Braille Surf ist der Browser Lynx[1]. Lynx stellt Webseiten ebenfalls nur in Textform dar. Aus diesem Grund stellt Lynx ein sehr geeignetes Werkzeug zur Überprüfung auf Barrierefreiheit dar.

4.7.5 Bobby

Das ursprünglich von Cast.org entwickelte Tool Bobby[2] dient zur Validierung von Webseiten und ganzen Webpräsenzen auf Konformität mit bestehenden Standards. Es wurde im Sommer 2002 an die Firma Watchfire verkauft.

---

[1] *http://lynx.browser.org*
[2] *http://bobby.watchfire.com*

Accessibility an Beispielen

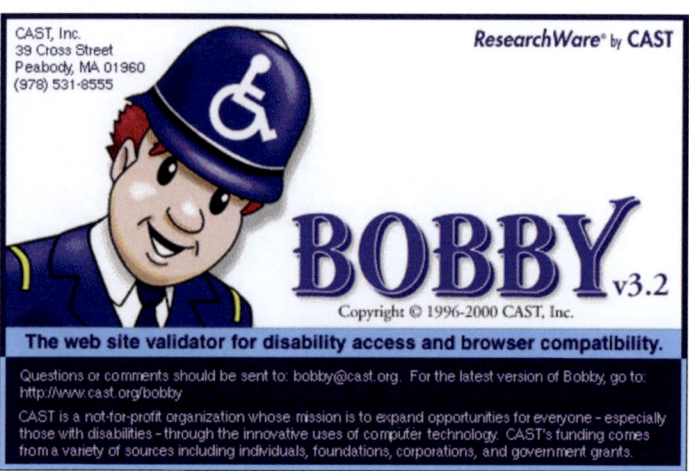

Abbildung 40 – Cast's Bobby wird seit kurzem von Watchfire vertrieben

Bobby ist komplett in Java programmiert und kann Webseiten rekursiv auf die WCAG der WAI und die Section 508 Standards überprüfen. Ergebnis eines solchen Prüfvorgangs ist ein HTML Report, der dem User genau sagt, welche Richtlinien für ein bestimmtes Konformitätslevel verletzt wurden. Werden die einzelnen Prioritäten erfüllt, verleiht Bobby den jeweiligen Award.

Bobby sollte auf keinen Fall als einziges Validierungswerkzeug eingesetzt werden, da man sehr leicht die einzelnen Anforderungen der Prioritäten fälschen und mit Hilfe von gefälschten Webseiten die Standards und Richtlinien erfüllen kann.

Unter '*http://bobby.watchfire.com/bobby/html/en/index.jsp*' gibt es eine Onlineversion von Bobby, mit Hilfe derer man einzelne Webseiten auf Konformität überprüfen kann.

5 Schlussbetrachtung und Analyse der Erkenntnisse

Von Blinden und Sehbehinderten, Menschen ohne Computer oder mit geringer Erfahrung im Bereich Internet hat jeder schon einmal gehört. Dass man sie beim Design und bei der Realisierung einer Webseite ausschliessen kann, war mir zu Beginn meiner Diplomarbeit jedoch nicht in vollem Umfang bewusst. Aus technischer Sicht waren mir HTML-Attribute wie SUMMARY oder Tags wie ABBR genauso unbekannt wie auch das in dieser Arbeit behandelte statistische Material.

Accessibility und Usability respektive Barrierefreiheit und Benutzbarkeit waren zwar Begriffe die man schon einmal gehört hatte, ihre Bedeutung und Wichtigkeit wurden mir jedoch erst im Laufe der Arbeit bewusst vor Augen geführt.

Für mich persönlich waren die Zahlen, welche die Forderung nach Accessibility verdeutlichen, wesentlich eindrucksvoller und erklärender als die Gesetze. Diese sind jedoch eine gute Grundlage zur Umsetzung von Barrierefreiheit. Die Richtlinien hingegen bedürfen nach dem heutigen Stand einer Aktualisierung und Überarbeitung.

Soll ein Projekt nach bestehenden Richtlinien umgesetzt werden, muss von Beginn an festgelegt werden, welche Konformitätsstufe erreicht werden soll. Dabei ist zu beachten, dass einige in Priorität 2 geforderte Checkpunkte bereits von den Designern berücksichtigt werden müssen.

Die Implementierung eines Projektes ist in der Regel nicht wesentlich aufwändiger, wenn Rücksicht auf Barrierefreiheit genommen werden soll. Die verantwortlichen Entwickler müssen lediglich von vornherein sensibilisiert und geschult sein um etwaige Probleme ohne grossen Aufwand lösen zu können. Ein sehr hilfreiches Mittel zur Überprüfung können die Tabellen im Anhang I.9 sein. Werden die einzelnen Entwicklungsschritte sorgfältig mit den besprochenen Programmen getestet und überprüft, so kann davon ausgegangen werden, dass ein sehr gutes Resultat am Ende vorliegt.

Schlussbetrachtung und Analyse der Erkenntnisse

Auf jeden Fall sollte ein Neudesign immer einem Redesign zur Barrierefreiheit vorgezogen werden, da mit grosser Wahrscheinlichkeit das Redesign mit einem ungleich grösseren Aufwand verbunden ist wie ein von Grund auf neues Projekt.

Der Aufhänger meiner Diplomarbeit, das Projekt BFS, sollte hinsichtlich der WAI-Richtlinien barrierefrei gestaltet werden. Ich kann aus meiner Sicht lediglich ab dem Anfang der Implementierungsarbeiten sprechen, da das Design bei meinem Eintritt bereits abgeschlossen war. Anhand der Prototypen-Entwicklung habe ich jedoch den geringen Mehraufwand beobachten können, der für Barrierefreiheit notwendig ist.

Das Ergebnis war einerseits absolut zufrieden stellend. Der Prototyp wurde von dem Blinden Arnold Schneider getestet und als äusserst gelungen bezeichnet. Andererseits war ein Grossteil der Webseite für den Blinden nicht erfassbar, da es sich um eine DHTML-Navigation handelte. Die Entscheidung dazu war jedoch schon im Designprozess gefallen. Aus den genannten Gründen muss bei Barrierefreiheit auf diese Art von Technologie verzichtet werden.

Aufgrund der wachsenden Wichtigkeit des Mediums Internet und der daraus resultierenden Abhängigkeit des Individuums und der Verantwortung gegenüber allen Menschen, sollte Barrierefreiheit und Benutzbarkeit höchste Priorität haben.

Anhang 1 – Usability

I Anhang

I.1 Anhang 1 – Usability

Die Konkurrenz im Internet ist nur einen Mausklick entfernt. Muss ein Besucher zu lange suchen bzw. findet er die gesuchte Ware oder Information nicht? Sind die Ladezeiten zu lange, erweckt die Seite einen unprofessionellen oder unsicheren Eindruck? Sind die Produktbeschreibungen unzureichend? All dies sind Anzeichen für eine nicht erfolgreiche Internetpräsenz. Welche Möglichkeiten haben Webentwickler dem entgegen zu wirken?

I.1.1 Warum kommen Besucher einer Webseite wieder?

Nutzen und Nutzbarkeit führen einen Besucher auf eine schon einmal besuchte Webseite zurück. Sehr guter Seiteninhalt, häufige Updates und somit aktueller Inhalt bringen dem User Nutzen und Mehrwert. Benutzbarkeit hingegen spiegelt sich zum Beispiel in schnellen Downloadzeiten wider oder in einem leicht verständlichen, einfach zu benutzenden User-Interface.

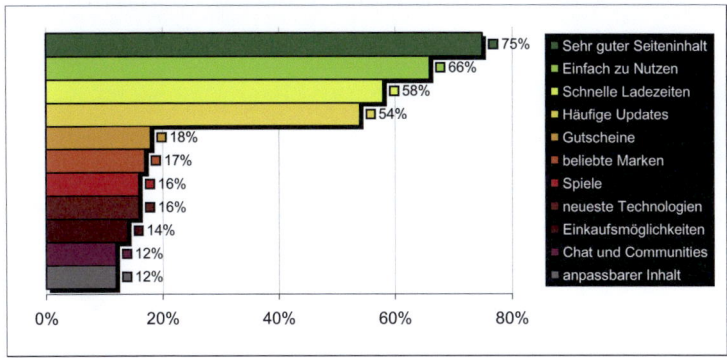

Abbildung A1 – Warum kommen Besucher wieder auf eine Webseite; *Quelle: Forrester Research*

Anhang

Wie man erkennen kann, sind die eben genannten Kriterien einer Webseite die Top-Argumente für einen Besucher, eine einmal besuchte Webseite erneut aufzusuchen.

Wie erreicht man diese Kriterien und wie kann eine Webseite benutzerfreundlich gestalten werden?

I.1.2 Merkmale für Benutzerfreundlichkeit und Usability

Man stelle sich vor, man betritt einen Laden und kann nicht sofort sagen, was es in diesem Laden zu kaufen gibt oder welche Dienstleistung angeboten wird. Irritierend!

Dasselbe gilt für die Homepage einer Webseite. Sie sollte zeigen, wo der Besucher sich befindet, was die Firma bietet und was auf der Webseite gemacht werden kann. Werden diese grundlegenden Dinge missachtet, wird es sehr schwer sein, diesen Nachteil wieder aufzuholen. Warum sollte ein Besucher einer Webseite nur irgendetwas tun, wenn er nicht weiss was er tun kann?

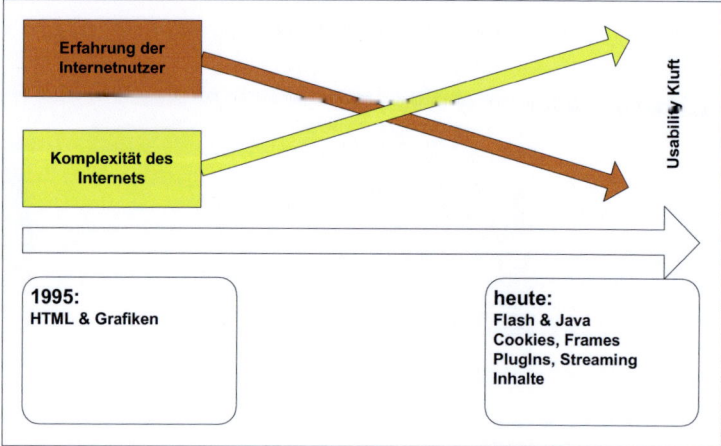

Abbildung A2 – Eine kleine, erfahrene Gruppe Internetnutzer ist zu einer breiten Masse geworden; die Komplexität des Mediums ist aber ständig gestiegen; *Quelle: namics Studie*

I.1.3 Zweck einer Webseite

I.1.3.1 Firmenname und Firmenlogo

Dieses Erkennungsmerkmal erfordert nicht viel Platz, es muss auf jeden Fall grösser und prominenter sein als die Objekte in seiner näheren Umgebung. In der Regel erwartet der User das Logo in der linken oberen Ecke, dort erweckt es die meiste Aufmerksamkeit.

I.1.3.2 Tag-Line, Schlagworte der Seite

Ebenso wichtig wie die Platzierung des Logos bzw. des Firmennamens ist die Tag-Line. Sie sollte dem Besucher mit wenigen Worten erklären, was die Seite bietet. Eine sehr gute Tag-Line bietet beispielsweise eBay: 'Der weltweite Online-Marktplatz'. Der User weiss hier sofort, was ihn erwartet.

I.1.3.3 Die wichtigsten Inhalte

Die Startseite sollte den Besuchern die Möglichkeit geben, die maximal vier wichtigsten Transaktionen auszuführen, welche für ein Unternehmen wichtig sind.

I.1.3.4 Startseite

Jede Präsenz sollte über eine eindeutig identifizierbare Startseite verfügen. Diese sollte innerhalb der gesamten Präsenz als Homepage oder Startseite bekannt und verfügbar sein. Auch das Design dieser Seite sollte sie als eindeutig erkennbar ausweisen.

Anhang

I.1.4 Informationen zum Unternehmen

> *"Machen Sie den Zweck der Seite deutlich; erklären Sie Ihren Kunden wer Sie sind und was Sie machen."* [1]
> Jakob Nielsen, Marie Tahir

I.1.4.1 Firmeninformationen

'Über Uns', *'Pressemitteilungen'*, *'Jobangebote'* und Informationen dieser Art sollten an einer separaten Stelle zusammengeführt werden. Ist dies der Fall, finden Besucher der Webseite, die sich für diese Informationen interessieren, diese schnell und kompakt. Andere, die kein Interesse daran haben, können sie ausser Acht lassen.

Die *'Über Uns'* Sektion einer Webseite sollte die für die Kunden wichtigsten Informationen über die Firma, interessante Details zu den Produkten, Dienstleistungen und das Management-Team enthalten. Die wohl gebräuchlichste und am weitesten verbreitete Art diese Informationen zu präsentieren ist ein Link *'Über <Firmenname>'* oder *'About Us'*.

I.1.4.2 Kontaktmöglichkeit

Ein *'Contact Us'* Link zu einer Seite mit allen online- und offlinerelevanten Kontaktdaten sollte einem einfachen Email-Kontakt-Link vorgezogen werden. Sind mehrere Email-Kontaktadressen vorhanden, sollte genau angegeben werden, wer diese Email-Adressen bearbeitet, beispielsweise der Webmaster, das Sales-Department oder die Personalabteilung.

---

[1] Web Usability – 50 Websites Deconstructed [Markt & Technik, 2002]

I.1.5 Inhalt der Seiten

Effektiver Inhalt einer Webseite ist einer der kritischsten Aspekte im Webdesign. Viele User scannen Online-Inhalte anstatt sie sorgfältig zu lesen. Aus diesem Grund sollte der Inhalt einer Webseite zum Querlesen geeignet sein und dem Besucher maximalen Inhalt in wenigen Worten vermitteln.

I.1.5.1 Wer sind meine Besucher

Man sollte sich darüber klar werden, welche Zielgruppe man mit seiner Webpräsenz ansprechen möchte und daraufhin die Sprache wählen. User die eine Reise online buchen möchten erwarten ein anderes Wording als Besucher einer Webseite für Baumaschinen.

I.1.5.2 Vermeiden von doppeltem Inhalt

Werden gleiche Inhalte immer wieder in Navigation oder Inhalt wiederholt, verlieren sie an Effektivität, ihre Wirkung geht verloren. Sie konkurrieren mit all den anderen wichtigen Inhalten. Soll ein prominenter Inhalt besonders hervor-gehoben werden, so genügt es vollkommen ihn ein einziges Mal deutlich hervorzuheben.

I.1.5.3 Reisserische Marketing Phrasen

Oft sagen solche Ausdrücke dem gewöhnlichen Webuser nicht viel. Ist ein Internetnutzer konkret auf der Suche nach einem gewissen Inhalt, sollte dieser Inhalt klar und verständlich präsentiert werden. Riskiert man das Hinterfragen einer Aussage seitens der User, besteht immer die Gefahr den Kunden zu verlieren. User verlieren sehr schnell die Geduld, wenn sie erst auf einen Link klicken müssen um herauszufinden was sich hinter ihm verbirgt. Text sollte daher informativ und nicht zweideutig sein.

Anhang

I.1.5.4 Einheitliche Ausdrucksweisen

Werden auf einer Seite durchgängige Ausdrucksweisen wie normale Gross- und Kleinschreibung verwendet, stören einzelne, nur gross geschriebene Inhalte und erwecken eine falsche Wichtigkeit. Ausserdem erweckt ein solches Erscheinungsbild bei einigen Usern das Gefühl von Unprofessionalität oder Unglaubwürdigkeit.

I.1.5.5 Überschriften und Kategorien

Überschriften für Inhalte die selbsterklärend sind sollten vermieden werden, sie verschwenden nur unnötig Platz. Gewöhnlicherweise ist es nicht nötig, die Hauptschlagzeile des Tages auf einer Newsseite als solche mit einer Überschrift zu versehen, alleine die Platzierung und Grösse zeigen die Wichtigkeit.

Kategorien mit nur einem Inhaltspunkt bzw. Listen mit nur einem Punkt sollten auf einer Webseite nicht vorkommen. Sie deuten oft auf Unprofessionalität hin und bedürfen einer Überarbeitung.

I.1.5.6 Sprache und Typographie

Soll ein Besucher auf einer Webseite eine bestimmte Aufgabe erfüllen, bietet sich ein imperativer Sprachstil an. *'Um Ihre lokale Wettervorhersage zu erhalten, geben Sie hier Ihren Ort oder Ihre Postleitzahl ein'*. Dieser Satz sagt dem User eindeutig was er zu tun hat, besonders dann, wenn der Satz mit einem Eingabefeld kombiniert ist.

Abkürzungen sollten bei ihrem ersten Vorkommen auf einer Seite zunächst grundsätzlich ausgeschrieben werden. Dies ist vor allem für Besucher mit einem Screen Reader eine grosse Erleichterung, schliesslich weiss man zum Beispiel mit der Abkürzung 'SS#' nicht viel anzufangen, die Beschreibung 'Social Security Number' hingegen lässt keine Zweifel offen. Gebräuchliche Abkürzungen wie DVD, CD oder PLZ sind von dieser Regel ausgenommen.

Ausrufezeichen wie auch konstante Grossschreibung sollten ebenfalls vermieden werden. Ausrufezeichen wirken chaotisch und laut, man sollte die Besucher seiner Webseite nicht anschreien. Grossschreibung hat einen ähnlichen Effekt, ausserdem können korrekt geschriebene Aussagen besser gelesen werden als solche die nur gross geschrieben sind. *'Die Psychologie der Worte'* lässt sich wesentlich besser lesen als *'DIE PSYCHOLOGIE DER WORTE'*.

Ein weiteres Augenmerk sollte auf korrekte Zeichensetzung und die Verwendung von Leerzeichen gelegt werden. *'K A F F E E M A S C H I N E N'* bzw. *'K.A.F.F.E.E.M.A.S.C.H.I.N.E.N'* mag zwar interessant aussehen, es wird aber einen User nicht zu dem gewünschten Ergebnis führen wenn er nach *'Kaffeemaschinen'* sucht. Auch hier wird die Scanbarkeit der Seite gestört, User mit Screen Readern bekommen das Wort buchstabiert anstatt richtig vorgelesen.

I.1.6 Was bietet die Webseite

Beispiele für den Inhalt einer Webpräsenz auf der Homepage helfen den Besuchern auf verschiedene Art und Weise. Der Beispielsinhalt kommuniziert dem User einerseits den Nutzen der Seite, andererseits kann die Breite des Angebots von vornherein dargestellt werden. Konkrete Beispiele für Produkte oder Dienstleistungen sind immer interessanter als nur generelle Beschreibungen. Ausserdem helfen sie dem User die Seite zu bedienen und zu navigieren.

Besucher einer Webseite erinnern sich oft an Artikel, Produkte oder Werbungen auf einer Homepage, die dort auffällig platziert gewesen sind. Oft wissen die User dann nicht, wie sie an die Informationen gelangen können, wenn diese ins Innere der Seite verschoben worden sind. Damit die Besucher einer Seite diese Informationen wieder finden, sollte eine kleine Liste kürzlich vergangener Artikel oder Produkte auf der Startseite zu finden sein, kombiniert mit einem Link zum Archiv der Seite.

Anhang

I.1.7 Links

Da Homepages als Portal zum Inneren einer Seite dienen, haben sie meist mehr Links als eine typische Unterseite.

I.1.7.1 Schlüsselworte

Besucher von Webseiten 'scannen' die Seite von oben nach unten um den für sie relevanten Teil zu finden. Links sind die interaktiven Elemente einer Webseite, deswegen sollte bei ihren Titulierungen darauf geachtet werden, dass sie mit für den Link relevanten Stichworten beginnen und so auch leichter beim scannen einer Seite entdeckt und gesehen werden. Ein weithin verbreiteter Fehler in diesem Kontext ist jeden Link mit dem Firmennamen beginnen zu lassen oder weiterführende Links mit den Worten '*mehr...*' bzw. '*read more...*' zu benennen. Dies beeinträchtigt die User in ihrem 'Browsen' und verhindert das schnelle Auffinden der gewünschten Informationen.

I.1.7.2 Linkfarben

Besuchte und nicht besuchte Links sollten farblich zu unterscheiden sein. Blau gilt als quasi Standard für noch nicht besuchte Links, eine von blau abweichende Farbe kann zur Markierung der bereits besuchten Links dienen. Dabei sollte auch hier auf ausrechenden Kontrast zwischen den Farben geachtet werden. Schwarze Links bei schwarzem Text sind nicht sehr hilfreich, Links können dadurch übersehen werden. Ausserdem sollten Links immer unterstrichen sein bzw. bei einem Mouse-Over als aktives Seitenelement sichtbar werden.

I.1.7.3 Link, aber wohin?

Führt ein Link zu etwas anderem als einer weiteren Seite der Webpräsenz, also zum Beispiel zu einem PDF Dokument, einer Videodatei, einem Email-Link oder einer anderen Applikation, so muss dies dem User kenntlich gemacht werden und sichtbar sein.

Anhang 1 – Usability

Abbildung A3 – Icons für Videoinhalte und Bildgalerien bei CNN.de

CNN.com wie auch CNN.de verwenden zum Beispiel Icons um auf Audio- und Videoinhalte und Bildergalerien in ihrer Seite hinzuweisen.

Der Einsatz solcher Hilfsmittel auf einer Webseite erlaubt es Usern mit langsamen Internetverbindungen bereits vor dem Klicken auf einen Link zu differenzieren, ob sie den nachfolgenden Inhalt sehen möchten oder nicht.

I.1.8 Navigation

Aufgabe der Navigation einer Seite ist, die Besucher mit geringstem Aufwand an das gesuchte Ziel zu bringen. Sie soll zur Differenzierung dienen und möglichst treffend beschreiben was sich hinter einem Navigationslink befindet. Die Navigation sollte auch den wichtigsten Inhalt einer Webpräsenz widerspiegeln, damit der User sich schon beim Betrachten der Top-Level Navigation ein Bild von der Seite machen kann.

Die Navigation sollte immer an einer sehr auffälligen Stelle der Seite platziert werden, wenn möglich nahe beim Hauptinhalt. Einzelne Punkte innerhalb der Na-

Anhang

vigation mit ähnlichem Inhalt oder Bedeutung sollten nebeneinander platziert werden, damit Besucher von vornherein ähnliche Kategorien unterscheiden können. Ein besonderes Augenmerk sollte auch auf das Wording gelegt werden, der User sollte ohne Probleme verstehen können um was es sich bei jeder einzelnen Kategorie handelt.

Vermieden werden sollte auf jeden Fall eine Aufteilung der Navigation an mehrere Stellen der Webseite, nicht nur um Konsistenz zu bewahren, sondern auch um etwaigen Verwechslungen oder Irritationen aus dem Weg zu gehen.

Grafiken und Icons helfen nur, wenn sie für eine Kategorie unterstützend und selbstredend wirken, wie zum Beispiel '*Neu*' bzw. '*New*' Piktogramme und Ähnliches.

I.1.9 Suche

Die Suchfunktion einer Webseite muss einfach zu finden sein. Ein Grossteil der Besucher wird sofort nach einer Suchfunktion Ausschau halten.

Die Suchfunktion ist einer der wichtigsten Bestandteile einer jeden Webpräsenz. Wenn Besucher der Webseite etwas suchen wollen, halten sie in der Regel nach '*der kleinen Box in die man etwas eingeben kann*' Ausschau. Im Optimalfall sollte die Suchfunktion also ein Eingabefeld sein. Dieses Feld sollte mindestens 25 Zeichen breit sein, damit es auch mehrere Worte enthalten kann, und der User nicht im Feld scrollen muss, um den Anfang seiner Suchbegriffe sehen zu können. Im Idealfall braucht die Suche auch keine Überschriften, ein einfacher Button oder eine Grafik mit der Aufschrift '*Suche*' genügt völlig. Eine weitere Möglichkeit sind Abwandlungen wie '*Los*', in diesem Fall sollte das Suchfeld aber tituliert sein.

Eine einfache Suchfunktion reicht für die Homepage aus. Soll dem User die Möglichkeit gegeben werden erweiterte Suchen durchzuführen, sollte diese Funktionalität von der Startseite aus durch einen Link auf eine separate Seite erfolgen. Einschränkungen des Suchbereichs sollten standardmässig nicht vorgenommen werden, sondern lediglich als Zusatzfunktion in der erweiterten Suche zur Verfügung stehen.

Funktionen wie '*Suche im WWW*' sind unnötig und gehören nicht auf Webseiten. Die Besucher werden für diese Funktionalität ihre Lieblingssuchmaschine verwenden.

I.1.10 Grafiken und Animationen

Grafiken werten eine Webseite bei richtigem Einsatz auf. Auf der anderen Seite besteht immer die Gefahr, dass die Seiten dadurch langsam und träge und bei einer übermässigen Anwendung unübersichtlich werden. Deswegen muss bei Grafiken immer auf Webtauglichkeit geachtet werden.

Grafiken sollten daher zur Darstellung von Inhalt der Webseite verwendet werden, und nicht um die Seiten zu schmücken oder zu verschönern. Sind die Bedeutung und der Inhalt von Grafiken nicht aus dem Kontext zu erkennen, müssen diese immer beschrieben und erklärt werden. Zu grosse Grafiken und Photographien sollten auf eine angemessene Grösse reduziert oder beschnitten werden, dies vermeidet lästiges scrollen (vor allem horizontal) und zerstört das Seitenlayout nicht.

Anhang

Abbildung A4 – Zweikampf Ferrari vs. McLaren, links reduziert auf das Wesentliche, rechts mit zu vielen Informationen im Bild; *Quelle: http://www.sport1.de*

Grafiken in Form von Wasserzeichen, also als Hintergrundbild mit Fliesstext darüber sind nicht nur schlecht zu erkennen, sondern stören zusätzlich den Lesefluss. Ist die Wasserzeichengrafik wichtig, kann sie demnach nicht richtig erkannt werden und falls sie unwichtig und nur zur Verschönerung angebracht wird, kann sie aus Gründen der Lesbarkeit auch weggelassen werden.

Ebenso wie auf Wasserzeichen sollte auf animierte Grafiken verzichtet werden. Als alleiniges Element um Aufmerksamkeit für ein bestimmtes Objekt zu erwecken sind sie nicht geeignet. Sie lenken vom Rest der Homepage zu sehr ab und sollten, wenn überhaupt, alleine und nicht in Kombination mit anderen Informationen stehen.

Flash-Intros gehören auch zur Kategorie der animierten Inhalte. Für viele Nutzer des Internets ist Flash von vornherein nicht zugänglich. Von daher sollte bei einem Flash-Intro immer die Möglichkeit bestehen es zu überspringen (die Verlinkung muss in HTML sein), damit der User nicht darauf angewiesen ist den Inhalt erst zu laden und dann ungesehen zu überspringen, bzw. im Fall von blinden Usern mit Screen Readern im nicht Accessible gestalteten Flash gefangen zu sein.

I.1.11 Grafikdesign

Das Grafikdesign ist in vielen Fällen ein Hindernis in Sachen Usability. Oftmals wird anstatt eines adäquaten Fokus auf die wichtigen Inhalte einer Seite zu geben die Aufmerksamkeit des Users abgelenkt bzw. irregeführt.

Für Schriftarten, -grössen, -farben und andere Textformatierungen gilt grundsätzlich: je weniger, desto besser. Zu viele verschiedene Schriftformen und Darstellungsvarianten lenken den User ab; wird die Schrift zum Beispiel zu gross und zu bunt gewählt, ist eine Verwechslung mit einer Werbung möglich.

Text- und Hintergrundfarben müssen immer einen ausreichenden Kontrast aufweisen, damit eine optimale Lesbarkeit garantiert wird. Dies gilt insbesondere für die Informationsdarstellung mit den Farben rot und grün, da ein nicht unerheblicher Teil der User diese Farben nicht unterscheiden kann.

Browser	
Häufigkeit der Auflösungen	
800x600	52%
1024x768	34%
640x480	3%
1280x1024	3%
1152x864	3%
1600x1200	< 1%

Tabelle A1 – Häufigkeit der Browserauflösungen; *Quelle: http://www.echoecho.com*

Ebenso gilt als Grundregel für gutes Webdesign, dass bei einer Auflösung von 800x600 Bildpunkten im Browser nicht horizontal gescrollt werden muss. Dies ist eines der am weitläufigst bekannten Usability-Probleme, der User übersieht möglicherweise den horizontalen Scrollbalken und verpasst Informationen. Ausserdem sollten die wichtigsten Informationen immer auf dem ersten, stets sichtbaren Teil der Seite zu sehen und nicht erst nach scrollen zu erreichen sein.

Anhang

Ausser dem Firmenlogo sollte man mit Logos immer sehr vorsichtig umgehen. Oft werden logoartige Grafiken für Werbung gehalten.

Abbildung A5 – Navigation bei Coles Online am Seitenende platziert wirkt wie ein Webebanner, auch aufgrund der logoähnlichen Grafiken; *Quelle: http://www.coles.com.au*

I.1.12 Farben

Die Wahl eines Farbklimas für eine Webseite ist einer der ersten Schritte die einem Design zugrunde liegen. Die eigentliche Farbwahl soll hier aber keine Rolle spielen, Designer werden dazu ausgebildet oder haben eine Begabung für die passende Wahl von Farben. Es sollte auf jeden Fall immer darauf geachtet werden, dass immer genügend Kontrast zum Hintergrund bzw. zur Umgebung vorhanden ist. Der Besucher der Webseite könnte entweder von zu vielen oder schlechten Farbkombinationen, oder bei schlechten Kontrasten vom eigentlichen Inhalt abgelenkt werden. Vor allem ältere Menschen oder Farbenblinde haben vielfach Probleme bei der Unterscheidung von Farben, aber auch verschiedene Ausgabegeräte wie TFTs oder Röhrenmonitore stellen Farben unterschiedlich dar.

Ein weiterer wichtiger Aspekt aus der Welt der Farben findet sich im Bereich der Psychologie. Farben werden von verschiedenen Kulturen unterschiedlich aufgefasst und verstanden. Unser Farbverständnis wird durch unsere Umgebung und Kultur geprägt. Wir wären in unseren Breiten sicherlich etwas verwundert, wenn eine Braut zur Hochzeit ein rotes Kleid tragen würde. In China ist dies beispielsweise die Regel.

Auch gibt es Kulturen, in denen es keine Wörter für bestimmte Farben gibt. Die Sprachen Shona in Zimbabwe und Boas in Liberia kennen keine unterschiedlichen Wörter für die Farben Rot und Orange.

Auch unterschiedliche Klimazonen prägen einen Menschen. So tragen Menschen in wärmeren Klimazonen meist wesentlich buntere und hellere Kleidung als Menschen in kühleren Gebieten. Sie bevorzugen bei der Wahl ihrer Kleidungsfarbe eher dunkle und triste Töne.

Farben und Geographie

Farbe	Europa, USA	China	Japan	Mittl. Osten
🟥	Gefahr, Wut, Stop!	Freude, Festivitäten	Gefahr, Wut	Gefahr, Böse
🟨	Vorsicht, Feigheit	Ehre, Königtum	Anmut, Adel, kindlich, froh	Fröhlichkeit, Wohlstand
🟩	Erregung, sicher, Los!	Jugend, Wachstum	Zukunft, Jugend	Fruchtbarkeit, Stärke
⬜	Reinheit, Tugend	Trauer, Demut	Tod, Trauer	Reinheit, Trauer
🟦	Männlichkeit, Autorität	Stärke, Macht	Schurkerei	
⬛	Tod, Böse	Böse	Böse	Geheimnis, Böse

Tabelle A2 – Die Bedeutung von Farben in Kulturkreisen; *Quelle: http://www.thinkquest.org*

Wie man erkennen kann, haben Farben in den unterschiedlichen Regionen und Kulturkreisen verschiedene Bedeutungen. Es sollte daher Wert auf eine kurze Analyse des Zielpublikums gelegt werden, eine Webseite für den Mittleren Osten, die einen Technologieaustausch zum Zweck hat, sollte tunlichst nicht in Rot gehalten werden. Nach dem Farbempfinden würde diese Seite bei den Menschen dort eher Gefahr erwecken.

I.1.13 Fenstertitel

Der HTML `TITLE`-Tag einer Seite sollte immer mit dem Firmennamen beginnen, gefolgt von einer kurzen Beschreibung des Seiteninhalts. Dies fördert die Suchtrefferquote in Suchmaschinen und lässt User weniger leicht über die gefundenen Ergebnisse hinweglesen. Auch sollten die Seitentitel nicht mit den bestimmten Artikeln '*der, die, das*' bzw. im Englischen '*the*' beginnen; auch '*Willkommen bei...*' bzw. '*Welcome to...*' oder '*Homepage von...*' sind keine sinnvollen Seitentitel, ausser man wünscht in den Bookmarks der User unter '*D*', '*H*' '*T*' oder '*W*' geführt zu werden.

Anhang

Des Weiteren ist es unnötig, den Top-Level-Domainnamen in den Seitentitel mit aufzunehmen. Eine Ausnahme hierbei sind Firmennamen zu denen die Top-Level Endung dazugehört, so zum Beispiel '*Amazon.de*'.

Der Fenstertitel sollte im Allgemeinen nicht mehr als sieben oder acht Wörter enthalten und weniger als 64 Zeichen lang sein. Längere Titel sind schlechter zu überfliegen, besonders in den Browser Bookmarks, und werden in vielen Applikationen und Suchmaschinen abgeschnitten und nicht richtig dargestellt.

I.1.14 URLs

Es ist ungemein wichtig URL Namen so einfach wie möglich zu halten und zu gestalten. User müssen sich nicht nur an eine URL erinnern können die sie schon einmal besucht haben, sie müssen auch einfach eine URL eines Unternehmens 'erraten' können. Wenn ein User eine Homepage erreicht, lässt ihn eine einfache URL genau wissen ob er sein gewünschtes Ziel erreicht hat. Komplexe und nicht selbstsprechende URLs hingegen lassen Zweifel aufkommen.

Für kommerzielle Webseiten gilt grundsätzlich '*http://www.firmenname.de*' bzw. die jeweils korrekte Top-Level-Länderendung. Ausserdem sollte darauf geachtet werden, dass sowohl bei der Eingabe von '*http://www.firma.de*' als auch '*http://firma.de*' der User sein gewünschtes Ziel erreicht.

Das Unternehmen sollte versuchen, ähnlich lautende Domainnamen wie die eigene zu kaufen, um ähnliche Schreibweisen, Abkürzungen oder Verschreiber der eigenen URL abzufangen, und die Besucher auf die korrekt lautende Domain umzuleiten. Dies ist besonders wichtig bei Domainnamen mit Bindestrichen. Wal-Mart zum Beispiel ist über die URL '*http://www.wal-mart.de*' (korrekte Bezeichnung) und '*http://www.walmart.de*' zu erreichen. Auch gewöhnliche Schreibfehler wie '*http://www.gogle.de*' werden in diesem Fall abgefangen und der User wird zu '*http://www.google.de*' weitergeleitet.

Anhang 1 – Usability

Funny Finding:

Die URL '*http://www.amazone.com*' wird nicht wie erwartet auf '*http://www.amazon.com*' weitergeleitet, sondern findet ihr Ziel auf '*http://www.amazon.fr*', der französischen Seite von Amazon.

Ein weiteres Ärgernis im Web sind URLs die nicht selbstsprechend sind. Der User weiss bei solchen URLs beispielsweise nicht, wo er sich gerade befindet, möglicherweise wird er sogar dadurch verunsichert. Ein solches Beispiel sind die URLs von Amazon, '*http://www.amazon.de/exec/obidos/tg/browse/-/301128/028-2820870-4126949*' ist die URL der Homepage. Klickt man auf den Link DVD, wird die URL noch länger (*http://www.amazon.de/exec/obidos/tg/browse/-/284266/ref=cs_nav_tab_6/028-2820870-4126949*) und unübersichtlicher. Wesentlich besser wäre hier eine URL-Strategie der Art '*http://www.amazon.de/dvd*' oder Ähnlichem. Ebenso bekannt für seine kryptischen URLs ist der Lotus Domino Webserver. Ein Beispiel dafür erhält man, wenn man dem Link 'Offices' auf der namics Homepage folgt: '*http://www.namics.com/namics/home.nsf/vTitleNav/6000g/?OpenDocument*'. Auch diese URL sagt leider nicht aus, dass sich der User momentan unter '*http://www.namics.com/offices*' befindet.

Session IDs und ähnliche Strings haben in einer URL nichts zu suchen.

I.1.15 Welcome Screens, PopUp Fenster, Werbung

Willkommensgrüsse auf Webseiten sind ein Relikt aus den Anfängen des Internet. Aus diesem Grund sollte heute kein Wert mehr auf sie gelegt werden. Die Aufmerksamkeit des Besuchers sollte vielmehr durch eine schlagkräftige Tag-Line erweckt werden. Platz ist wertvoll, der User will wissen was ihn erwartet. Deswegen keine langen Willkommensorgien, sondern Fakten, Produkte und Inhalte.

Ein weiteres Ärgernis sind PopUp Fenster. Sie mögen zwar manchmal informative Inhalte enthalten, meist werden sie jedoch für Werbung gehalten und somit

Anhang

nicht beachtet. Sie lenken den User vom eigentlichen Seiteninhalt ab. Viel wertvoller ist es, wenn aussergewöhnliche Angebote oder Features auf der Seite direkt an einem auffälligen Ort platziert werden.

I.1.16 Technische Probleme

Trotz Hochverfügbarkeitsservern und schnellen Anbindungen kann es zu Problemen bei Webpräsenzen kommen. Tritt ein technisches Problem auf, welches den Inhalt der Seite affektiert, wie beispielsweise eine defekte Datenbank oder Ähnliches, sollte dies den Besuchern der Webseite klar und deutlich kommuniziert werden, anstatt sie mit kryptischen Fehlermeldungen alleine zu lassen. Auch Meldungen wie '*Seite im Aufbau*' oder '*under construction*' sind nicht wünschenswert sondern vertreiben die Besucher. Eine Meldung wie '*Die Seite wird für Sie um 16.00h CET wieder verfügbar sein*' gibt dem Besucher exakte Informationen wann er wieder mit der Präsenz rechnen kann. Er wird deshalb wieder kommen.

I.1.17 Danksagungen, Awards, Lobpreisungen

Der Platz auf einer Webseite ist extrem wertvoll. Deswegen sollte er nicht mit Informationen über die Serverhardware, die verwendete Software, Suchmaschinen oder die Designfirma verschwendet werden. Solche Informationen gehören, wenn überhaupt, in eine Unterrubrik wie beispielsweise '*About us*'.

Auch interessiert es die meisten Besucher einer Webseite wenig, ob man '*Webseite des Tages*' bei 'xyz.com' geworden ist. Andererseits erhöhen Auszeichnungen von anderen bekannten Webseiten die Glaubwürdigkeit der eigenen Seite. Sie gehören ebenso wie Danksagungen in einen gesonderten Bereich der Seite.

I.2 Anhang 2 – Wo erwarten User Was auf einer Webseite

Das Usability Research Laboratory[1] (SURL) hat die Surfer-Gewohnheiten von erfahrenen Webusern untersucht. Mittels eines 8x7 Rasters der Browserfläche wurden User in Usability-Test befragt, wo sie spezielle Funktionen und Inhalte auf Webseiten erwarten.

Einige der Ergebnisse dieser Tests möchte ich hier nun analysieren und anhand bekannter Webseiten belegen.

Die Farbcodierung und somit die prozentuale Erwartung des gefragten Inhaltes auf einer Webseite werden mit dieser Legende dargestellt:

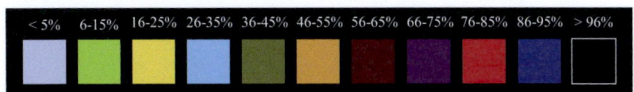

Abbildung A6 – Legende zu 'Wo erwarten User Was'

I.2.1 Interne Links

Links, die zur internen Navigation einer Seite gehören, werden vom Grossteil der User am linken Rand einer Webseite erwartet (4x >96%, 1x 55%). Alle anderen Erwartungshaltungen bewegen sich bei maximal 35%.

---

[1] http://psychology.wichita.edu/surl

Anhang

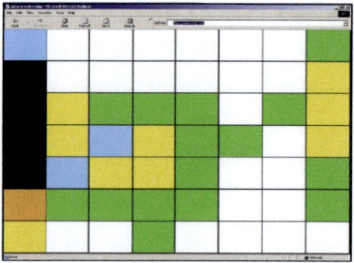 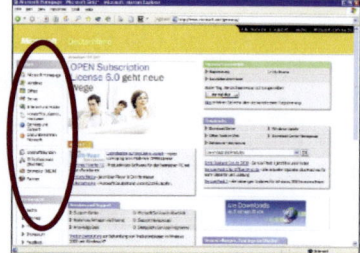

Abbildung A7 – Erwartung interner Links   **Abbildung A8** – *http://www.microsoft.de*

www.microsoft.de beispielsweise folgt diesem Aufbau und platziert seine internen Links zu den Produktportalen exakt dort, wo der User sie erwartet (Anhang Seite 199).

I.2.2 Externe Links

Unterangebote von Webseiten oder externe Links werden am häufigsten auf der rechten Seite bzw. unterhalb der internen Navigation einer Webpage erwartet. Diese 'externen' Links müssen nicht zwangsläufig die Domain verlassen; sie sind oft Subdomains des jeweiligen Angebotes.

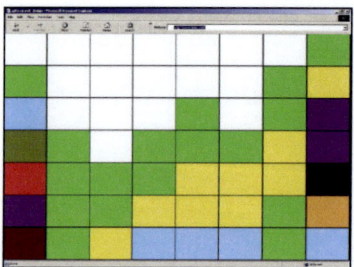 

Abbildung A9 – Erwartung externer Links   **Abbildung A10** – *http://www.heise.de*

Das Verlagshaus Heise (Anhang Seite 200) stellt an diesen Stellen Links zu seinen einzelnen Zeitungs- und Shopangeboten zur Verfügung. Unterhalb der inter-

Anhang 2 – Wo erwarten User Was auf einer Webseite

nen Links geht es zu eMedia (online Bücher), auf der rechten Seite zu den Zeitungen c't, iX und dem Onlinemagazin Telepolis.

I.2.3 Link zur Startseite der Präsenz

Das Logo und der damit obligatorisch verbundene Link auf die Startseite werden in der Regel in der linken oberen Ecke erwartet. Wie zu sehen ist, erwarten auch ca. 60% der Webuser einen Home-Link in der Mitte am unteren Bildrand. Dort tritt der Link oft bei langen Seiten auf.

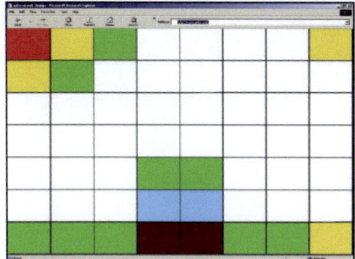

Abbildung A11 – Erwartung Home-Link   **Abbildung A12** – *http://www.heise.de*

Auch hier bestätigt die Webseite von www.heise.de dieses Ergebnis. Egal wo man sich innerhalb der Präsenz befindet, links oben sind das Logo und der Link auf die Startseite.

I.2.4 Suchfunktion

Mit hoher Wahrscheinlichkeit ist das Ergebnis dieses Tests vom bekannten Aufbau einer jeden Suchmaschine beeinflusst. Der User erwartet im Regelfall die Suche in der Mitte der Seite, ein wenig vom oberen Rand entfernt.

Anhang

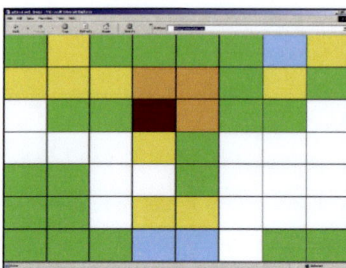 

Abbildung A13 – Wo ist die Suchfunktion   Abbildung A14 – *http://www.google.de*

Als Beispiel Google, wobei jede Suchmaschine das Ergebnis belegen könnte. Suchmaschinen haben nur einen Zweck, die Suche. Folglich ist das Eingabefeld immer am auffälligsten Platz im Seitenlayout zu finden, in der Mitte (siehe Anhang Seite 201).

I.2.5 Werbebanner

Zwischen 26% und 65% der Internetuser erwarten Werbebanner am obersten Rand einer Webseite. Die Verteilung der grünen Kästchen zeigt jedoch auch, dass bis zu 16% der User Werbung nahezu überall auf der Seite erwarten.

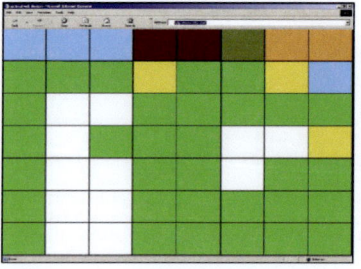 

Abbildung A15 – Verteilung Webebanner   Abbildung A16 – *http://www.spiegel.de*

Spiegel Online reserviert die gesamte obere Breite der Seite für den Werbebanner (Anhang Seite 202). Obwohl der Banner nicht die gesamte Breite ausnutzt, wer-

Anhang 2 – Wo erwarten User Was auf einer Webseite

den keine wichtigen Informationen in unmittelbarer Nähe platziert. Grund: Werbebanner sind meist animiert und lenken vom Inhalt ab.

I.2.6 Login und Registrierung

Webseiten mit Bereichen für registrierte Benutzer oder Community-Features warten mit je einem Feld für Benutzername und Passwort auf. Um die 50% der Internetnutzer erwarten diese Felder im linken oberen Achtel der Seite.

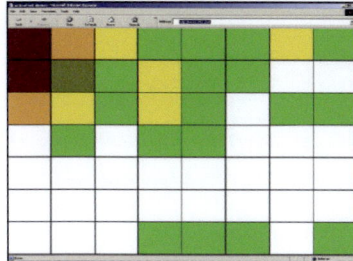 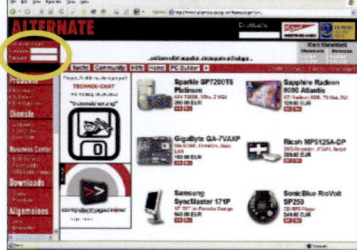

Abbildung A17 – Site-Login Platzierung   Abbildung A18 – http://www.alternate.de

Der Online-PC-Retailer Alternate beispielsweise hat das Community-Login seiner Seite oben links unter dem Firmenlogo, wo es von über der Hälfte der User erwartet wird.

I.2.7 Warenkorb

Soll auf einer Webseite etwas gekauft werden, muss ein Warenkorb bzw. ein Shopping-Cart her. 26% bis 45% der User erwarten diese Funktionalität in der rechten oberen Ecke, ca. 15% dagegen suchen den Warenkorb an den beiden äusseren Seiten der sichtbaren Fläche.

Anhang

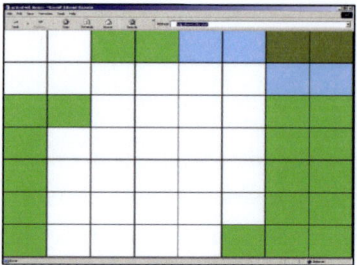 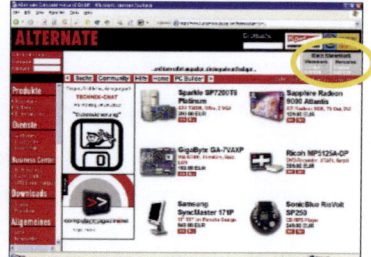

Abbildung A19 – Platzierung Warenkorb   **Abbildung A20** – *http://www.alternate.de*

Auch hier platziert alternate.de den Warenkorb an der Stelle, wo ihn der Grossteil der Kundschaft erwartet.

Ein nettes Feature stellt hier die Auflistung der Anzahl und die Gesamtsumme der Produkte im Warenkorb und in der Merkliste (Anhang Seite 203) dar.

I.2.8 Hilfe Link

Sucht der User einer Webseite nach einer Hilfefunktion, wird sein Blick mit allergrösster Wahrscheinlichkeit als erstes in die rechte obere Ecke gehen. Nebst anderen Servicefunktionalitäten sollte er dort die Hilfe finden.

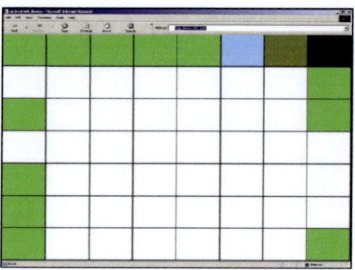 

Abbildung A21 – Erwartung des Hilfe-Links   **Abbildung A22** – *http://www.amazon.de*

Amazon praktiziert in diesem Fall eine optimale Platzierung der Service-Navigation. Sowohl der Link zum persönlichen Konto wie auch die Hilfe finden sich rechts oben.

Anhang 2 – Wo erwarten User Was auf einer Webseite

I.2.9 Links zu Produkten

36% bis 75% aller User erwarten die Platzierung von Produkten an der Stelle einer Seite, die Automatisch am meisten Aufmerksamkeit erhält: In der Mitte der Seite und am linken Rand.

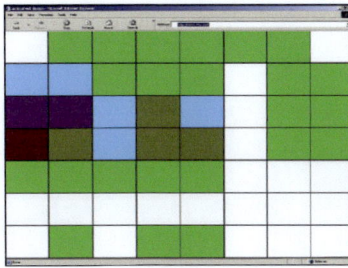
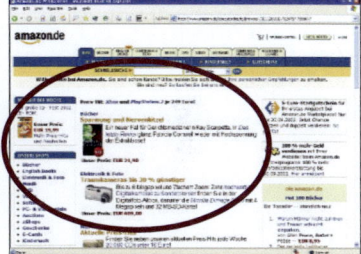

Abbildung A23 – Produkt-Links   **Abbildung A24** – *http://www.amazon.de*

Auch in diesem Fall liegt amazon.de richtig (Anhang Seite 204) und bringt seine neuesten (Neuheit der Woche links) und erfolgreichsten Produkte aus verschiedenen Kategorien (in der Mitte) dort zur Geltung, wo sie erwartet werden.

Anhang

I.2.10 Die theoretisch optimale Webseite

Wie sich aus den vorherigen Beispielen ergibt, ist keine der aufgeführten Webseiten in allen Kategorien konform. Die optimale Lösung wäre wohl eine Mischung aus Heise-Alternate-Amazon.

Eine Zusammenfassung aller Kategorien hat folgenden Aufbau einer theoretisch optimalen Webseite ergeben:

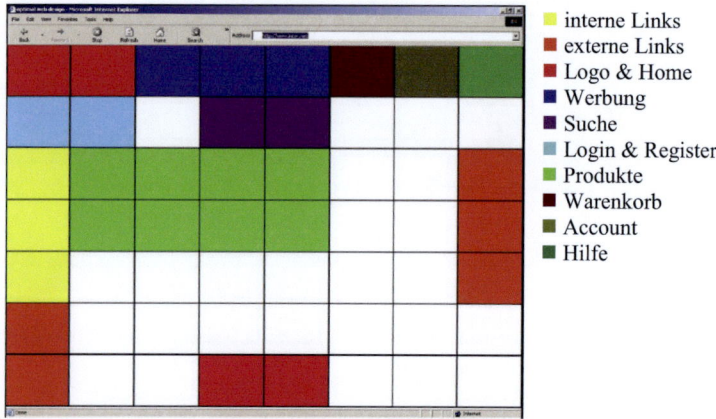

Abbildung A25 – Aufbau einer theoretisch optimalen Webseite

I.3 Anhang 3 – Design Empfehlungen

Wie sieht ein gelungenes Design einer Webseite aus? Worauf muss geachtet werden wenn eine Webseite neu gestaltet wird? Was bringt meinem Kunden bzw. Besucher einen gewissen Nutzen und wie setze ich dies um?

Viele Usability-Studien haben gezeigt, dass eine Mixtur aus vielen verschiedenen Seiten im Internet wohl das beste Resultat ergeben würde.

Die Features, die in der nachfolgenden Tabelle aufgelistet sind, sollten im Idealfall die folgende Gewichtung haben:[1]

- ★★★ – Essentiell; sie sollten in so gut wie jedem Projekt berücksichtigt und nur in Ausnahmen vernachlässigt werden,

- ★★ – Wichtig; je nach Art des Projektes können diese Features umgesetzt werden oder nicht,

- ★ – Standard; diese Features müssen nicht unbedingt umgesetzt werden, stellen aber einen grossen Nutzengewinn dar.

Feature	Bewertung	Empfehlungen
Download Zeit	★★★	Maximal 10 Sekunden, bedeutet eine Grösse von ~50kb.
Horizontale Grösse	★★	770 Pixel als Optimum, keine fixen Grössen.
Fix vs. Prozentual	★★	Prozentual, damit werden alle Auflösungen versorgt.
Vertikale Grösse	★★	Ein oder zwei Seitenlängen optimal, nicht mehr als drei.
Frames	★★★	Nein.
Platzierung des Logos	★★★	Oben links.
Max. Grösse des Logos	★★	80x68 Pixel
Suchfunktion	★★★	Ja! Auf Startseite. Suchfeld optimal.

---

[1] vgl. Web Usability – 50 Websites Deconstructed [Markt & Technik, 2002]

Anhang

Farbe des Suchfeldes	★★★	Weiss.
Suche-Button	★★	'*Suche*', '*Go*' und '*Los*' sind auch möglich.
Grösse des Suchfeldes	★★	Mindestens 25 Zeichen, besser 30.
Art der Suche	★★	Einfach. Eine ausführliche Suche auf gesonderter Seite ist aber nicht zwingend.
Navigation	★★	Entweder Linker Hand, in Reiter-Form, horizontale Links am Anfang der Seite oder Kategorien.
Navigation am Seitenende	★	Nur '*Copyright*' & '*Kontakt*'.
Sitemap Link	★★	'*Site Map*', falls vorhanden.
Forward Seiten	★★	Nein.
Splash Intros	★★★	Nein.
Anmeldung	★	Treffende Worte wie '*anmelden*' verwenden.
About Informationen	★★★	Immer zur Verfügung stellen.
About Link	★★	'*About <Company>*' oder '*Über <Firma>*'.
Kontakt	★★	'*Contact us*' oder ähnliches.
Datenschutz	★★★	Falls Daten gesammelt werden sehr wichtig.
Datenschutz Link	★★	'*Privacy Policy*' oder '*Datenschutz*'.
Offene Stellen/Jobs	★★	Auf der Startseite wenn extrem wichtig, ansonsten unter '*About*'.
Hilfe	★	Nur bei sehr komplexen Seiten.
Platzierung der Hilfe	★★	Oben rechts.
Musik	★★★	Nein.
Animationen	★★	Nein.
Grafiken und Bilder	★	Zwischen 5-15% ist ausreichend.
Werbung	★★	Maximal 3, egal ob intern oder extern.
Textfarbe	★★	Schwarz.
Textgrösse	★	10-12 Punkte.
Fixe Textgrösse	★★★	Nein. Relative Grössen verwenden.
Textfont	★	Webschriften wie Sans-Serif.

Anhang 3 – Design Empfehlungen

Hintergrundfarbe	★★	Weiss.
Linkfarbe, unbesucht	★★	Blau.
Linkfarbe, besucht	★	Purple.
Unterschiedliche Linkfarbe für besucht und unbesucht	★★★	Ja. Besuchte Links in weniger auffälliger Farbe als unbesuchte Links.
Unterstrichene Links	★★	Ja. Ausnahme können Navigationslinks sein.

Tabelle A3 – Designempfehlungen für Homepages

Anhang

I.4 Anhang 4 – Alltägliche Usability-Hürden – Lösungen

Beim Surfen im Internet trifft man immer wieder auf unnötige Usability-Probleme. Solche Fehler machen es unerfahrenen Webnutzern ungemein schwer, sich im für sie ungewohnten Medium zurechtzufinden und das gewünschte Ziel zu erreichen.

Die hier aufgezeigten Fehler wurden im bisherigen Verlauf der Arbeit noch nicht besprochen und werden an positiven und negativen Beispielen erläutert.

I.4.1 Vertippen in einer Suchmaschine

Häufig kommt es vor, dass man sich bei der Suche eines Begriffs vertippt, wie beispielsweise doppelte Buchstaben, Buchstabenverdreher, etc. Zur Verdeutlichung wird in den Suchmaschinen Google und Teoma nach dem Begriff '*namiccs*' anstatt '*namics*' gesucht.

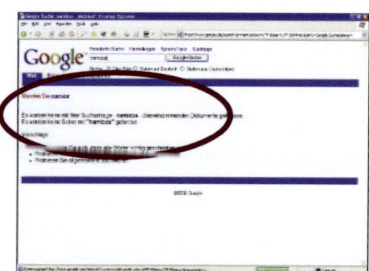

Abbildung A26 – Fehlererkennung bei Google und automatische Weiterleitung zum...

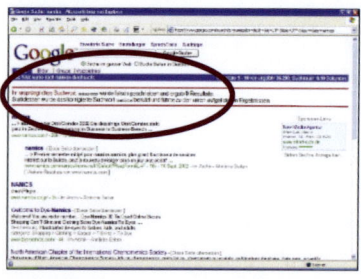

Abbildung A27 – korrigierten Ergebnis

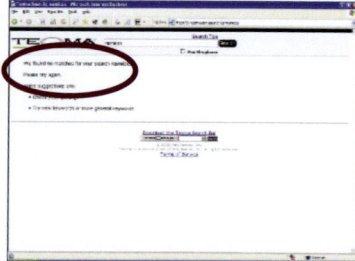

Abbildung A28 – Teoma ohne Suchergebnis

Anmerkung: Teoma ist neu auf dem Markt der Suchmaschinen vertreten, sie rühmen sich selbst als neue '*Supersuchengine*'. Selbst Online-Rezessionen schreiben ihr ein grosses Potential zu.

"Teoma sets itself apart by its search methodology, which ranks sites according to subject-specific popularity, in addition to traditional search methods such as traffic, text analysis and click-through rates..." [1]

Computer Weekly

Das Ergebnis des Tests überrascht ein wenig. Teoma findet keine Treffer bei der Suche nach '*namiccs*' (siehe Abbildung A28 und Anhang Seite 210). Es wird zwar angegeben, dass die Suche erfolglos war, leider werden lediglich vage Hinweise darauf gegeben, was falsch gelaufen sein könnte.

Google hingegen findet ebenfalls keine Ergebnisse im ersten Schritt der Anfrage (siehe Abbildung A26 und im Anhang Seite 208). Es wird jedoch, da keine Suchergebnisse vorliegen, von einem Tippfehler ausgegangen und sofort auf das korrigierte Suchergebnis weitergeleitet. Wären Ergebnisse bei der Suche nach '*namiccs*' vorhanden gewesen, wäre trotzdem der Hinweis auf einen möglichen Schreibfehler samt Verlinkung auf das korrigierte Ergebnis sichtbar gewesen. Durch die Weiterleitung auf das korrigierte Suchergebnis erhält der User die Ansicht in Abbildung A27 (und Anhang Seite 209) mit dem Hinweis:

Ihr ursprüngliches Suchwort: `namiccs` wurde falsch geschrieben und ergab **0** Resultate. Stattdessen wurde das korrigierte Suchwort `namics` benutzt und führte zu den unten aufgelisteten Ergebnissen.

Abbildung A29 – Vorbildliches Usability-Verhalten bei Google

---

[1] *http://www.cw360.com/article&rd=&i=&ard=113636&fv=1*

Anhang

I.4.2 Eingabe einer falschen URL

Wird in die Adresszeile des Browsers eine falsche URL eingegeben oder sind Links auf Webseiten nicht mehr aktuell und führen ins Leere, so stösst der unerfahrene Internetnutzer in den meisten Fällen auf für ihn nicht erklärbare Fehler.

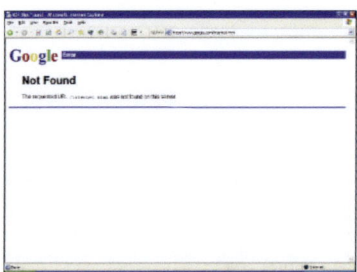 

Abbildung A30 – Google erklärt den Fehler   **Abbildung A31** – Teoma mit Standard 404

Zum Vergleich dienen wieder die Suchmaschinen Google und Teoma. Ich habe dabei die URLs '*http://www.google.com/internet.html*' bzw. '*http://www.teoma.com/internet.html*' in die Adresszeile eingegeben. Google reagiert darauf mit einer angepassten 404-Fehlermeldung (siehe Abbildung A30 und Anhang Seite 206), welche dem User erklärt, dass die URL '*/internet.html*' auf dem Google Server nicht gefunden wurde.

Teoma hingegen fängt diesen Eingabefehler nicht ab (siehe Abbildung A31 und Anhang Seite 207), es erscheint die übliche '*This page cannot be found*' Standardfehlermeldung des Webservers.

Eine weitere Lösung dieses Problems zeigt beispielsweise Amazon: gibt man die Adresse '*http://www.amazon.com/dvd*' ein (diese Form der URLs gibt es bei Amazon eigentlich nicht), wird man automatisch in die Kategorie DVD geleitet und die URL ändert sich in '*http://www.amazon.com/exec/obidos/tg/browse/-/130/104-5215862-0812738*' (was wie bereits dargelegt ebenfalls ein Usabilty-Problem darstellt), jedoch eine durchaus annehmbare Lösung ist. Dabei wird dem User sogar ein Klick erspart, falls auf einer Fehlerseite möglicherweise auf die Sektion DVD verwiesen werden würde.

Anhang 4 – Alltägliche Usability-Hürden – Lösungen

I.4.3 Präsentation von Suchergebnissen

Je nach Programmierung einer Suchfunktion und Darstellung des Ergebnisses nach einem Suchvorgang, bieten sich dem User entweder weitere Möglichkeiten auf der Webseite zu verweilen oder anderweitig zu suchen. Als Beispiel für diesen Test dienen die Suchfunktionen von Google, Amazon, eBay, namics und die c't Artikelsuche bei Heise. Hierbei wurde darauf geachtet, dass der Suchbefehl '*tresslusability*' nicht gefunden werden kann.

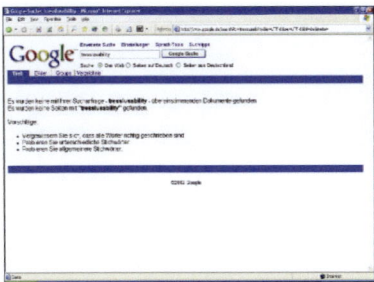

Abbildung A32 – Suchergebnis mit 0 Treffern bei Google, dafür Vorschläge

Google findet zur gewählten Suchanfrage keine Treffer (Abbildung A32 und Anhang Seite 213). Dem User werden Vorschläge wie Überprüfung auf Schreibfehler und die Verwendung anderer bzw. allgemeinerer Stichworte unterbreitet.

Abbildung A33 – Suchergebnis mit 0 Treffern bei Amazon mit Beispielen für erfolgreiches Suchen

177

Anhang

Amazon im Gegensatz dazu wartet sogar mit Beispielen auf, die es dem Benutzer erleichtern sollen eine erfolgreiche Suchanfrage durchzuführen. Dabei werden verschiedene Beispiele und das jeweilige Suchumfeld bzw. -ergebnis erklärt (siehe Abbildung A33 und Anhang Seite 211).

Das Onlineauktionshaus eBay (Abbildung A34, Anhang Seite 212) bietet bei nicht erfolgreichem Suchen zwei Optionen an. Einerseits wird auf die erweiterte Suche in Artikelbezeichnung und Artikelbeschreibung verwiesen. Andererseits ist eine neue Suche mit dem Hinweis auf weniger oder andere Stichworte gegeben.

Abbildung A34 – Suchergebnis mit 0 Treffern bei eBay, erweiterte Suche wird angeboten

Auf der Webseite von namics werden User die grössten Probleme bei einer nicht erfolgreichen Suche haben. Gibt man das Suchwort '*tresslusability*' in das Suchfeld ein, wird die Seite ohne Hinweis auf keine Treffer neu geladen (Abbildung A35 und Anhang Seite 215). Für den User hat es den Anschein die Suche würde nicht funktionieren.

Anhang 4 – Alltägliche Usability-Hürden – Lösungen

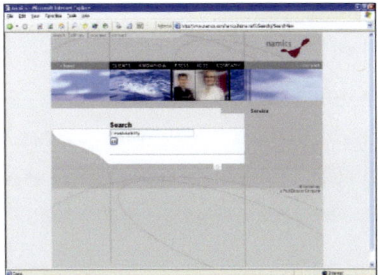

Abbildung A35 – Suchergebnis mit 0 Treffern bei namics, leider ohne Hinweis

Ein Kuriosum ereignet sich bei der c't Artikelsuche. Gibt man das gewählte Stichwort ein, werden trotz allem sechs Suchergebnisse gefunden (Abbildung A36, Anhang Seite 214). Es ist offensichtlich, dass Heise den Suchstring komplett parst, da alle sechs Suchergebnisse das Wort 'Usability' markiert haben.

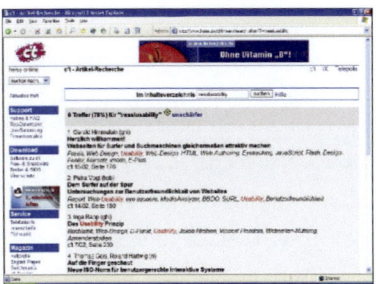

Abbildung A36 – Suchergebnis bei Heise, aus dem Suchwort *'tresslusability'* werden 6 *'Usability'* Suchergebnisse

Es zeigt sich, dass mit verschiedenen Mitteln der User bei nicht erfolgreichen Suchanfragen trotzdem auf der Webseite gehalten werden kann. Studien haben ergeben, dass der Besucher eines Onlineshops am liebsten durch Klicken das gesuchte Produkt findet. Ist dies nicht möglich, wird in der Regel die Suchfunktion verwendet. Wären die getesteten Suchfunktionen auf den Webseiten Onlineshops, würden alle Kandidaten ausser namics ihrem Kunden zumindest die Chance auf einen weiteren, und dann möglicherweise erfolgreicheren, Suchversuch geben.

Anhang

I.5 Anhang 5 – Screen Real Estate

I.5.1 Bildschirmplatz ist wertvoll

Hinsichtlich Usability spielt Webseitendesign immer öfter eine wichtige Rolle. Der Benutzer einer Webseite wird nicht in die Nähe gesuchter Informationen gelangen, wenn die Seite nicht an die Benutzerbedürfnisse angepasst ist und ein konsistentes und logisches Navigationsschema zugrunde liegt.

I.5.2 Der Begriff Screen Real Estate

Webseiten sollten in der Regel vom Inhalt dominiert werden, und zwar solchem Inhalt, der für den Benutzer relevant ist. Leider sieht man oft Webseiten, die mehr Platz für ihre Navigation oder Werbung verschwenden als für die Informationen, weswegen der Benutzer die Seite besucht hat. Die Navigation ist ein notwendiges Übel, sie ist aber bei Weitem nicht die Lösung selbst. Deswegen sollte sie möglichst minimiert werden.

Jakob Nielsen hat in seinem Buch *'Designing Web Usability'* einen interessanten Versuch unternommen, welchen ich hier aufgreifen möchte. Die wichtigsten Regionen einer Webseite (Inhalt, Navigation, Browser & Betriebssystem, Werbung) werden eingefärbt und daraus Quotienten ermittelt. Durch diesen Versuch wird sehr schnell deutlich, wie viel Wert auf ein gutes Seitendesign gelegt wurde. Die zugrunde liegenden Screenshots werden bei einer Bildschirmauflösung von 800x600 Pixeln erstellt, was eine Gesamtsumme von 480'000 Bildpunkten ergibt.

Wie bei jedem Layout sind weisse, unbenutzte Flächen nicht unbedingt nutzlos. Es wäre folglich ein Fehler übermässig kompakte Webseiten zu designen. Weisse Flächen führen das Auge und helfen dem User die Gruppierung von Informationen zu verstehen. Hat man die Wahl zwei Textblöcke entweder mit einem Balken oder etwas Leerfläche zu trennen, wird in den meisten Fällen die Version mit der Leerfläche die bessere Lösung sein. Als angenehmer Nebeneffekt wird diese Lösung auch die schnellere Ladezeit haben.

Whitespace wird in den Beispielen nicht als verschwendeter Platz gesehen, wenn er zur Strukturierung des Inhaltes oder der Navigation dient. Designfehler können sehr wohl zu grosse Weiss-Flächen auf einer Webseite als Resultat haben, wenn sich der Inhalt beispielsweise nicht an die gegebene Browserfenstergrösse anpasst.

Als Daumenregel für gutes Seitendesign gilt deshalb: der eigentliche Inhalt einer Seite sollte mindestens 50%, besser aber Richtung 80% betragen. Die Navigation auf Seiten mit Inhalt sollte unter 20% gehalten werden, wobei dies bei Einstiegsseiten, Portalen und Zwischenseiten variieren kann. Aus Sicht der Usability einer Seite sollte auf Werbung wie Banner verzichtet werden. Kann man nicht auf sie verzichten, sollten sie Teil des Seitenheaders sein und wenn möglich mit den Navigationselementen kombiniert werden.

Als allgemeiner Grundsatz für jedes Benutzerinterface gilt folgendes: man sollte Schritt für Schritt durch alle Elemente eines Designs gehen und immer eines entfernen. Funktioniert das Design auch noch ohne das gerade entfernte Objekt kann es getrost komplett entfernt werden.

Einfachheit ist besser als Komplexität, ganz besonders im Web, da fünf Bytes einige Millisekunden an Downloadzeit sparen.

Im Web ist es unmöglich vorauszusagen, welche Grösse und Auflösung der Monitor eines Users hat und mit welcher Fenstergrösse der User eine Seite besucht. Vielleicht wird es in Zukunft einen Austausch zwischen Webserver und Client geben können, bei welchem eine geeignet aufbereitete und optimierte Seite zur Verfügung gestellt wird. Zum Beispiel könnten Grafiken für kleine Monitore in einer verkleinerten Form dargestellt werden oder Style Sheets mit einem kompakteren Layout für geringere Auflösungen gesendet werden.

Diese Voraussagen für einen angepassten Inhalt einer Webseite sind bisher nur Visionen. Deswegen ist es notwendig, ein einziges Seitendesign so zu gestalten und umzusetzen, damit es mit allen Variationen der Endgeräte funktioniert.

Im Folgenden werden drei Webseiten von Nachrichtenportalen analysiert.
Die Einfärbungen haben dabei folgende Bedeutung:

Anhang

- Blau: Browser und Betriebssystem (OS)
- Rot: Werbung
- Gelb: Navigation
- Grün: Eigentlicher Seiteninhalt

Anhang 5 – Screen Real Estate

I.5.3 http://www.spiegel.de

Abbildung A37 – *http://www.spiegel.de*   (siehe auch Anhang Seite 220 und 221)

Bei spiegel.de fällt sofort die konsistente und einheitliche Seitenstruktur auf. Ganz oben auf der Seite gibt es einen Werbebanner. Der Platz rechts davon ist ungenutzt, was sich in diesem Fall aber nicht als störend auswirkt. Vielmehr ist der Whitespace ein gelungenes Trennungsmerkmal, erst unter dieser Werbelinie beginnt der eigentliche Inhalt. Links findet man die Navigation, der Rest der Seite ist Inhalt. Der Inhalt an sich ist durch einige Whitespaces sehr übersichtlich gestaltet.

Prozentuale Verteilung:

- Browser und OS – 18.9% (fix)
- Werbung – 7.5%
- Navigation – **14.6%**
- Inhalt – **53.8%**
- ungenutzt – 4.5%

183

Anhang

I.5.4 http://www.news.ch

Abbildung A38 – *http://www.news.ch*   (siehe auch Anhang Seite 218 und 219)

news.ch fällt durch extrem viel Werbung auf. Ausserdem sind ein Grossteil der Werbebanner animiert, so dass der sowieso sehr kleine Teil an Informationen sehr schnell an Attraktivität verliert und der User abgelenkt wird. Weiter stört die horizontale Struktur der Seite; horizontaler Block Werbung, horizontaler Block Navigation (Suche), wieder horizontaler Block Werbung. Erst nach diesen drei Blöcken ist die erste News-Headline zu sehen. Alles in allem wirkt die Seite für das Auge sehr unruhig und der Besucher wird sehr schnell vom eigentlichen Inhalt abgelenkt. Hinzu kommt, dass nicht von vornherein klar ist, welche Teile der Seite wirklich domaininterne Informationen bzw. Inhalte bieten.

Prozentuale Verteilung:

- Browser und OS – 18.9% (fix)
- Werbung – **42.3%**
- Navigation – 18.1%
- Inhalt – 19.4%

Anhang 5 – Screen Real Estate

I.5.5 http://europe.cnn.com

Abbildung A39 – *http://europe.cnn.com*   (siehe auch Anhang Seite 216 und 217)

CNN ist ein Musterbeispiel für Screen Real Estate und Usability. Die einzelnen Bereiche der Seite sind entweder farblich gut zu erkennen oder so angeordnet, dass sofort klar wird was hinter dem jeweiligen Bereich steht. Der Header der Seite enthält auf der linken Seite CNN interne bzw. regionale Links, rechts davon ist Werbung, die jedoch durch ihre Platzierung nicht stört.

Darauf folgt ein dreispaltiges Seitenlayout, welches links die farblich abgegrenzte Navigation enthält. In der Mitte steht der eigentliche News-Artikel, in der rechten Spalte finden sich entweder zum Thema gehörende Links oder andere Schlagzeilen. Ausserdem werden Whitespace Bereiche eingesetzt, die entweder einzelne Textblöcke voneinander trennen oder Bereiche der Webseite strukturieren und voneinander unterscheiden.

Prozentuale Verteilung:

- Browser und OS – 18.9% (fix)
- Werbung – 7.4%
- Navigation – **14.2%**
- Inhalt – **57.1%**
- ungenutzt – 2.5%

185

Anhang

I.5.6 Screen Real Estate Fazit

Es zeigt sich bei den drei verglichenen Seiten, dass nicht lediglich auf das Design einer Seite an sich, sondern auch auf die Anordnung und Gewichtung der einzelnen Inhalte geachtet werden muss. Sicherlich kann eine Webseite, wenn sie den Anforderungen von möglichst kleiner Navigation und grossem Inhalt entspricht, trotzdem schlecht und nicht Usable sein. Hier kommt es sowohl auf Test- und Erfahrungswerte, als auch auf ein dem Inhalt entsprechendes Design und eine Analyse der Zielgruppe an.

I.6 Anhang 6 – Accessible PDF

Es gibt viele Webseiten, auf denen Dokumente in nicht zugänglichen Formaten bereitgestellt werden. Neben Flash und PowerPoint ist auch das Adobe PDF Format von vornherein nicht barrierefrei.

Mit Version 5.0 der Software Acrobat von Adobe besteht die Möglichkeit, Accessible PDF Dokumente zu erstellen.

Dieses kleine HowTo beschreibt wie man Adobe PDF Dateien und Dokumente für Benutzer mit Behinderungen wie beispielsweise Blindheit zugänglich machen kann. Die dazu verwendeten Adobe Produkte sind Acrobat 5.0.5 (mit Accessibility Patch[1]) und Capture 3.0. Das Ergebnis lässt sich mit Windows Technologie wie zum Beispiel Screen Readern verwerten.

Adobe Acrobat 5.0 vereint einige neue Möglichkeiten um Dokumente für Behinderte zugänglich zu machen:

- es können 'tagged' PDF Dokumente generiert werden, wenn sie aus Microsoft Office 2000 erstellt werden,

- es können bestehende PDF Dokumente mit dem optionalen 'Make Accessible PlugIn'[2] erstellt werden.

Auf Papier basierende Dokumente können mit Hilfe von Adobe Capture[3] in PDF Dateien verwandelt werden, dabei kommt auch OCR Software zum Einsatz.

Zur Erstellung von Accessible PDF Dokumenten müssen jedoch einige Voraussetzungen erfüllt werden:

---

[1] http://www.adobe.com/support/downloads/detail.jsp?ftpID=1438
[2] http://www.adobe.com/support/downloads/88de.htm
[3] http://www.adobe.com/products/acrobat/pluginreg.html

Anhang

☐ Logischer Aufbau des Dokuments
  o Titel, Kapitel, Überschriften, mehrspaltiger Text

☐ Alternative Textbeschreibungen für Bilder und Grafiken

I.6.1 Anforderungen zur Erstellung von Accessible PDF

☐ Sicherheit
  o Acrobat 4.0 kompatible Dokumente müssen das Kopieren von Schrift und Grafiken erlauben,
  o Acrobat 5.0 Dokumente müssen Accessibility zulassen.

☐ Links
  o Das Dokument sollte Links enthalten, welche es erlauben direkt an eine Stelle im Dokument zu springen.

☐ Navigation
  o Das Dokument sollte ein Inhaltsverzeichnis und vernünftige Überschriften haben, damit der Benutzer zu den gesuchten Stellen im Dokument springen kann.

☐ Sprache des Dokuments
  o Obwohl Screen Reader heute noch keinen Sprachwechsel '*on-the-fly*' beherrschen, ist es trotzdem sinnvoll die Sprache des Dokuments zu spezifizieren. Der Accessibility Checker würde in einem solchen Fall einen Fehler melden, wenn keine Sprachversion vorhanden ist.

Anhang 6 – Accessible PDF

I.6.2 Accessible PDF mit MS Office 2000

Eine Installation von Adobe Acrobat 5.0 wird hierfür vorausgesetzt.

1. Öffnen des Dokuments in der MS Office Anwendung
2. Wählen Sie Acrobat > Change Conversion Settings
3. Office Tab
4. Embed Tags in .pdf ON, Page Labels OFF
5. Bookmarks Tab
6. Aus der Liste die gewünschten Styles wählen. OK
7. Wählen Sie Acrobat > Convert to Adobe PDF
8. Speichern

I.6.3 Accessible PDF aus existierendem PDF

☐ Ist die Original Datei vorhanden wird mit der neuesten Version der Software, Acrobat 5.0 und dem 'Make Accessible PlugIn' das neue Dokument erstellt.

☐ Ist die Original Datei nicht mehr vorhanden wird mit Acrobat 5.0 und dem 'Make Accessible PlugIn' das neue Dokument erstellt.

I.7 Anhang 7 – Browserkompatibilitäten

Tabelle A4 – Browserkompatibilitäten unter Windows

Windows Browser Compatibility

Browser	java	frames	tables	plug-ins	font size	font color	java script	style sheets	gif89	dhtml	i-frame	table color	xml
Explorer 6.0	s	x	x	x	x	x	x	x	x	x	x	x	x
Explorer 5.5	x	x	x	x	x	x	x	x	x	x	x	x	s
Explorer 5.0	x	x	x	x	x	x	x	x	x	x	x	x	
Explorer 4.0	x	x	x	x	x	x	x	x	x	x			
Explorer 3.0	x	x	x	x	x	x	x		x				
Explorer 2.0		x	x		x	x							
Explorer 1.0			x		x								
Netscape 7.0	x	x	x	x	x	x	x	x	x	x	x	x	x
Netscape 6.1	x	x	x	x	x	x	x	x	x	x	x	x	x
Netscape 6.0	x	x	x	x	x	x	x	x	x	x	x	x	x
Navigator 4.7	x	x	x	x	x	x	x	x	x	x			
Navigator 4.5	x	x	x	x	x	x	x	x	x	x			
Navigator 3.0	x	x	x	x	x	x	x		x				
Navigator 2.0	x	x	x	x	x	x	s		x				
Navigator 1.1		x	x		x	x							
Mosaic 3.0		x	x										
Mosaic 1.0		x											
Mozilla 1.1	x	x	x	x	x	x	x	x	x	x	x	x	x
Mozilla 1.0	x	x	x	x	x	x	x	x	x	x	x	x	x
Opera 6.0	x	x	x	s	x	x	x	x	x	x	x	x	x
Opera 5.11	x	x	x	s	x	x	x	x	x	x	x	x	x
Opera 4.02	x	x	x	s	x	x	x	x	x	x	x	x	
Opera 3.6	x	x	x		x	x	x	x	x			x	
Opera 3.5	x	x	x		x	x	x	x	x			x	
Lynx	x		x										

Anhang 7 – Browserkompatibilitäten

Tabelle A5 – Browserkompatibilitäten unter Linux

Linux Browser Compatibility

Browser	java	frames	tables	plug-ins	font size	font color	java script	style sheets	gif89	dhtml	i-frame	table color	xml
Netscape 7.0	x	x	x	x	x	x	x	x	x	x	x	x	x
Netscape 6.1	x	x	x	x	x	x	x	x	x	x	x	x	x
Netscape 6.2	x	x	x	x	x	x	x	x	x	x	x	x	x
Netscape 6.0	x	x	x	x	x	x	x	x	x	x		x	x
Navigator 4.7	x	x	x	x	x	x	x	x	x	s			
Mozilla 1.1	x	x	x	x	x	x	x	x	x	x	x	x	x
Mozilla 1.0	x	x	x	x	x	x	x	x	x	x	x	x	x
Galeon 1.2	x	x	x	x	x	x	x	x	x	x	x	x	x
Konqueror	x	x	x	x	x	x	x	s	x	s			x
Amaya 5	x	x	x		x	x			x	s			
Opera 6	x	x	x	x	x	x	x	x	x	x		x	x
Opera 5	x	x	x	x	x	x	x	x	x	x		x	x
Opera 4a		x	x	s	x	x		x	x				x
Lynx		x	x										

Anhang

Tabelle A6 – Browserkompatibilitäten unter Unix-Derivaten

Unix Browser Compatibility

Browser	java	frames	tables	plug-ins	font size	font color	java script	style sheets	gif89	dhtml	i-frame	table color	xml
Explorer 5.5	x	x	x	x	x	x	x	x	x	x	x	x	x
Explorer 5.0	x	x	x	x	x	x	x	x	x	x		x	x
Explorer 4.01	x	x	x	x	x	x	x	x	x			x	
Mosaic 2.75			x										
Mosaic 1.0													
Mozilla 1.1	x	x	x	x	x	x	x	x	x	x	x	x	
Mozilla 1.0	x	x	x	x	x	x	x	x	x	x	x	x	
Navigator 4.7	x	x	x	x	x	x	x	x	x	s			x
Navigator 4.6	x	x	x	x	x	x	x	x	x	s			
Navigator 4.0	x	x	x	x	x	x	x	x		s			
Navigator 3.0	x	x	x	x	x	x	x	x					
Navigator 2.0	x	x	x	x	x	x	x	s		x			
Navigator 1.1			x		x								
Opera 5	x	x	x	x	x	x	x	x	x		x	x	x
Amaya 5		x	x		x	x		x	x	s		x	x
Arena			x		x				x				
Lynx	x	x											

Tabelle A7 – Browserkompatibilitäten unter Macintosh OS X

Macintosh OS X Browser Compatibility

Browser	java	frames	tables	plug-ins	font size	font color	java script	style sheets	gif89	dhtml	i-frame	table color	xml
Explorer 5.5	x	x	x	x	x	x	x	x	x	x	x	x	x
Netscape 7.0	x	x	x	x	x	x	x	x	x	x	x	x	x
Netscape 6.2	x	x	x	x	x	x	x	x	x	x	x	x	x
Netscape 6.1	x	x	x	x	x	x	x	x	x	x	x	x	x
Mozilla 1.1	x	x	x	x	x	x	x	x	x	x	x	x	x
Mozilla 1.0	x	x	x	x	x	x	x	x	x	x	x	x	x
Opera 5.0	x	x	x	x	x	x	x	x	x	x	x	x	x
OmniWeb 4.1	x	x	x	x	x	x	x	x	x	x	s	x	x
Chimera 0.4	x	x	x	x	x	x	x	x	x	x	s	x	x
iCab	x	x	x	x	x	x	x	x	x	x	s	x	x
Lynx	x	x											

Anhang

Tabelle A8 – Browserkompatibilitäten unter Macintosh OS 9.x

Macintosh OS 9.x und früher Browser Compatibility

Browser	java	frames	tables	plug-ins	font size	font color	java script	style sheets	gif89	dhtml	i-frame	table color	xml
Explorer 5.5	x	x	x	x	x	x	x	x	x	x	x	x	x
Explorer 5.0	x	x	x	x	x	x	x	x	x	x	x	x	s
Explorer 4.5	x	x	x	x	x	x	x	x	x	x	x	x	s
Explorer 4.0	x	x	x	x	x	x	x	x	x	x		x	
Explorer 3.0	x	x	x	x	x	x	x	x	x			x	
Explorer 2.0	x	x	x		x	x							
Netscape 7.0	x	x	x	x	x	x	x	x	x	x	x	x	x
Netscape 6.2	x	x	x	x	x	x	x	x	x	x	x	x	x
Netscape 6.1	x	x	x	x	x	x	x	x	x	x	x	x	x
Netscape 6.0	x	x	x	x	x	x	x	x	x	x		x	
Navigator 4.74	x	x	x	x	x	x	x	x	x	x		x	
Navigator 4.5	x	x	x	x	x	x	x	x	x	x		x	
Navigator 4.0	x	x	x	x	x	x	x	s	x				
Navigator 3.0	x	x	x	x	x	x	x	s	x				
Navigator 2.0	x	x	x	x	x	x	s		x				
Navigator 1.1		x			x								
Mozilla 1.1	x	x	x	x	x	x	x	x	x	x	x	x	x
Mozilla 1.0	x	x	x	x	x	x	x	x	x	x	x	x	x
Opera 5.0	x	x	x	x	x	x	x	x	x		x	x	
Cyberdog 2.0		x	x		x	x			x				
iCab 2.8	x	x	x	x	x	x	x	x	x	x	s	x	x
iCab 2.0	s	x	x		x	x		s	x		s		x
Lynx		x	x							s			

Anhang 7 – Browserkompatibilitäten

Tabelle A9 – Browserkompatibilitäten bei WebTV, BeOS, etc.

Television Browser Compatibility

Browser	java	frames	tables	plug-ins	font size	font color	java script	style sheets	gif89	dhtml	i-frame	table color	xml
WebTV			x				x		x			x	

Spielekonsolen Browser Compatibility

Browser	java	frames	tables	plug-ins	font size	font color	java script	style sheets	gif89	dhtml	i-frame	table color	xml
ergoBrowser		x	x		x	x		x	x			x	x

NextStep Browser Compatibility

Browser	java	frames	tables	plug-ins	font size	font color	java script	style sheets	gif89	dhtml	i-frame	table color	xml
OmniWeb 2		x			x	x				s			
OmniWeb 1					x	x							

BeOS Browser Compatibility

Browser	java	frames	tables	plug-ins	font size	font color	java script	style sheets	gif89	dhtml	i-frame	table color	xml
NetPositive		x	x		x	x		s	x	s		x	s
BeZilla 1.0	x	x	x		x	x	x	x	x	x		x	x
Opera 3.62	x	x	s		x	x	x	x	x	s		x	x

Tabelle A10 – Browserkompatibilitäten unter IBM OS/2 und Legende zu Tabellen

OS/2 Browser Compatibility

Browser	java	frames	tables	plug-ins	font size	font color	java script	style sheets	gif89	dhtml	i-frame	table color	xml
WarpZilla 1.0	x	x	x	x	x	x	x	x	x	x	x	x	x
Navigator 4.x	x	x	x	x	x	x	x	x	x	s	x	x	s
Navigator 4.0	x	x	x	x	x	x	x	x	x	s		x	
Navigator 2.02			x	x	x	x			x				
WExplorer 1.1			x	x	x		x						
Opera 5.12	x	x	x	x	x	x	x	x	x	s	x	x	
Lynx		x	x										

Legende
x wird unterstützt
s Art von Unterstützung
– wird nicht unterstützt

Anhang 8 – Abbildungen aus dem Textteil

I.8 Anhang 8 – Abbildungen aus dem Textteil

Abbildung A40 – *http://www.diebauengineering.ch* für Normalsichtige

Anhang

Abbildung A41 – *http://www.diebauengineering.ch* für rot-grün Blinde

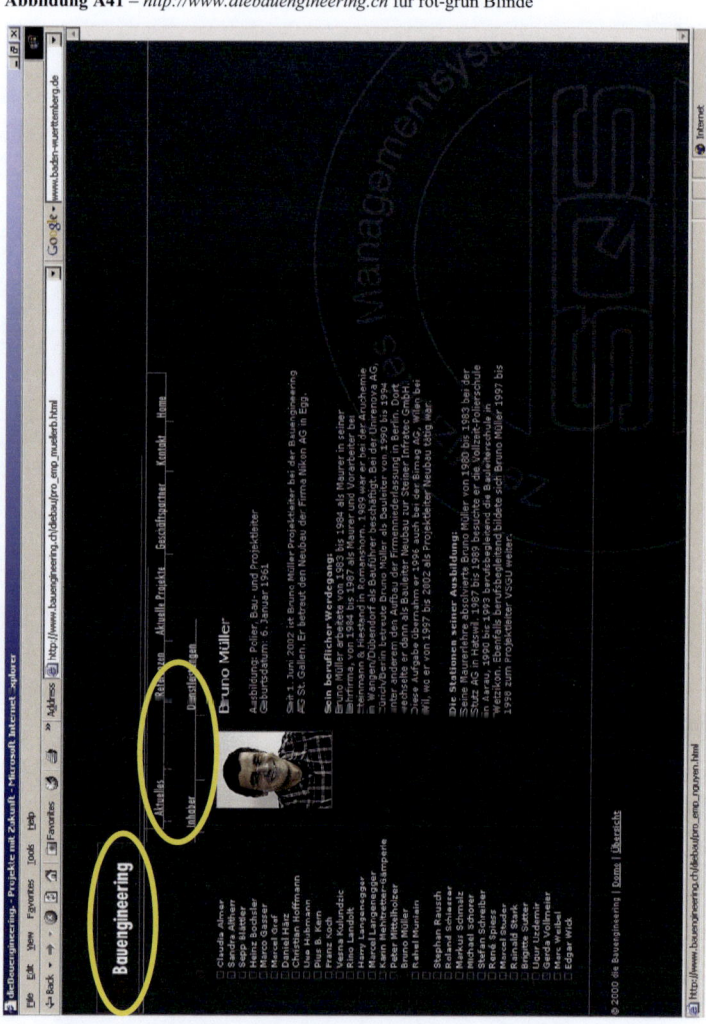

Anhang 8 – Abbildungen aus dem Textteil

Abbildung A42 – Platzierung von seiteninternen Links bei *http://www.microsoft.de*

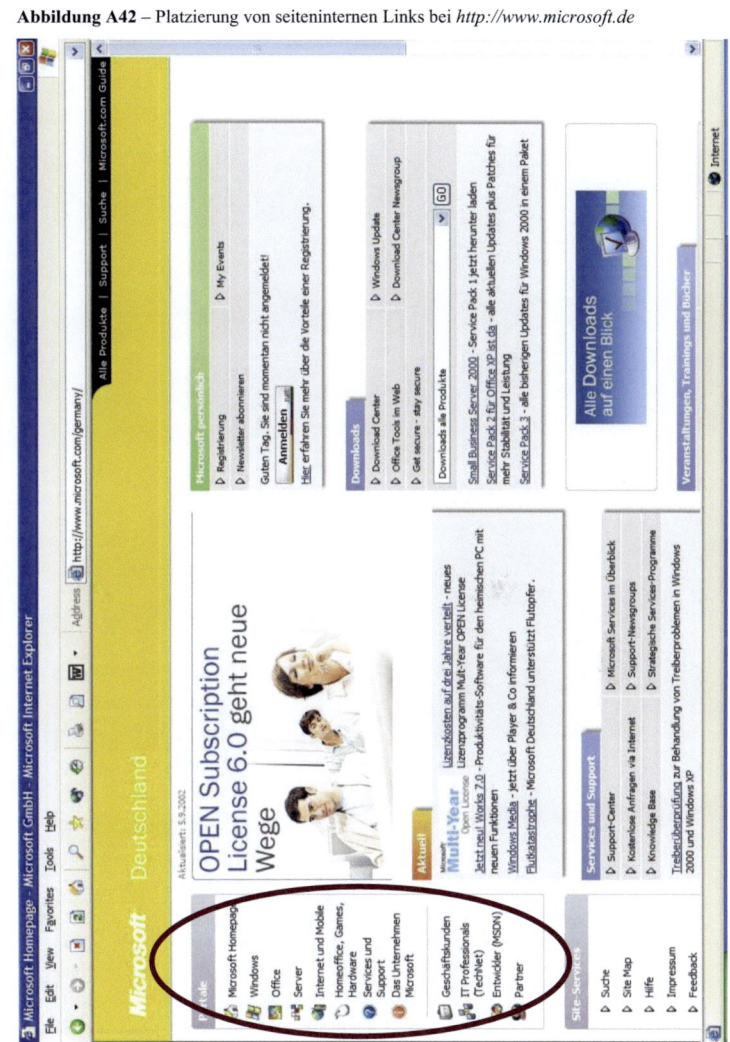

Anhang

Abbildung A43 – Externe Links und Home-Logo bei *http://www.heise.de*

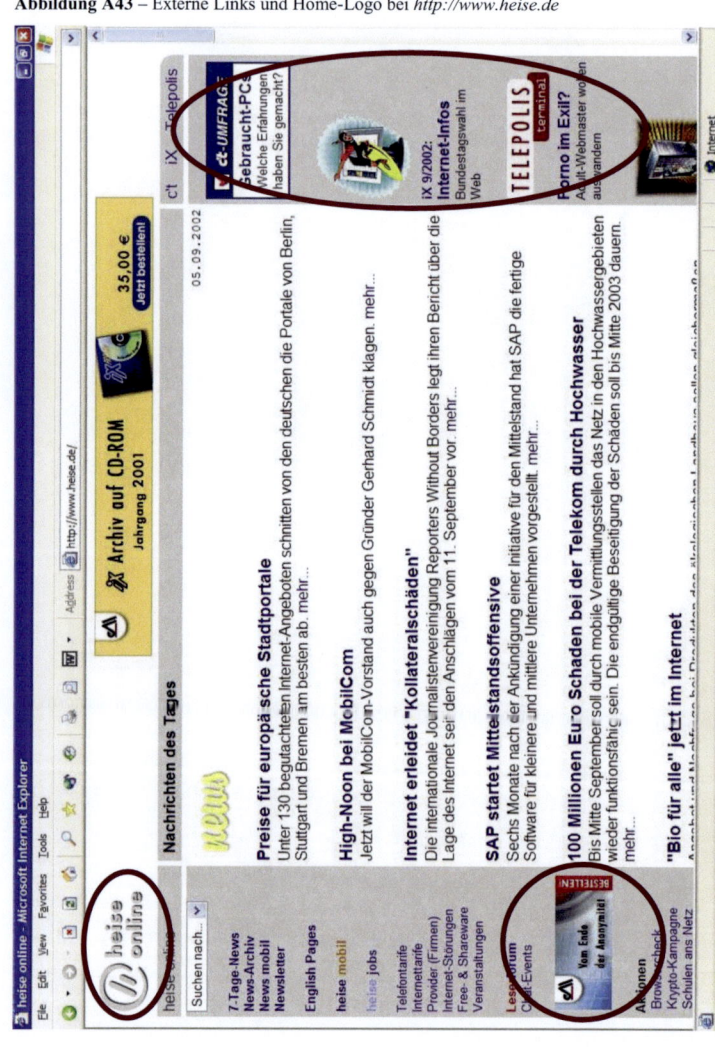

Anhang 8 – Abbildungen aus dem Textteil

Abbildung A44 – Platzierung des Suchfeldes bei Google

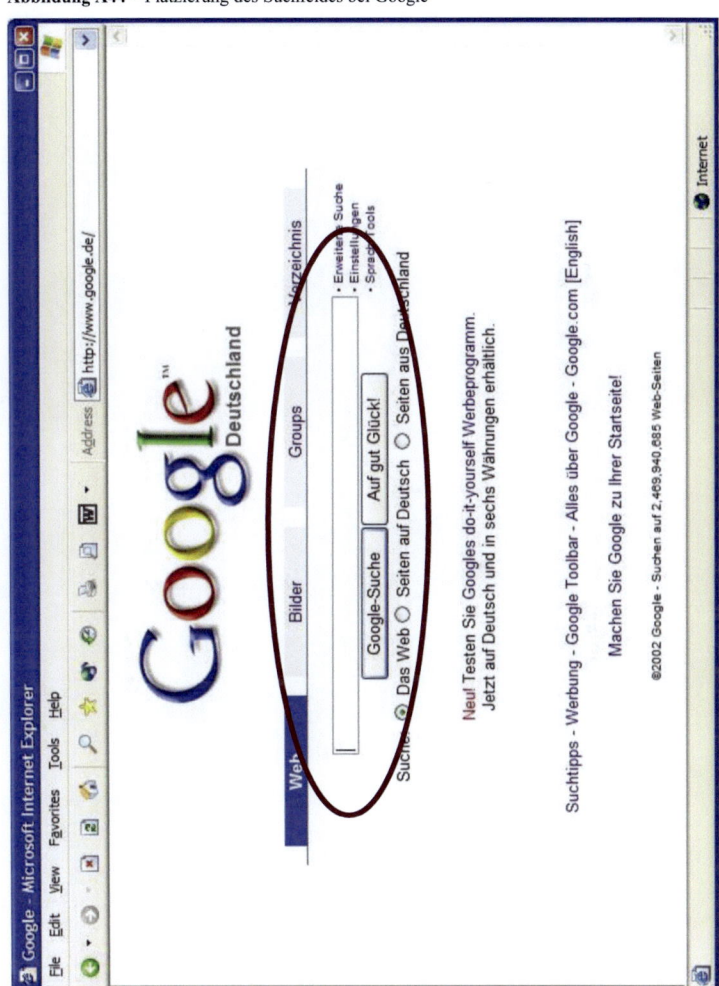

Abbildung A45 – Werbebanner Spiegel Online, *http://www.spiegel.de*

Anhang 8 – Abbildungen aus dem Textteil

Abbildung A46 – Community- bzw. Member-Login und Warenkorb beim PC-Versand Alternate

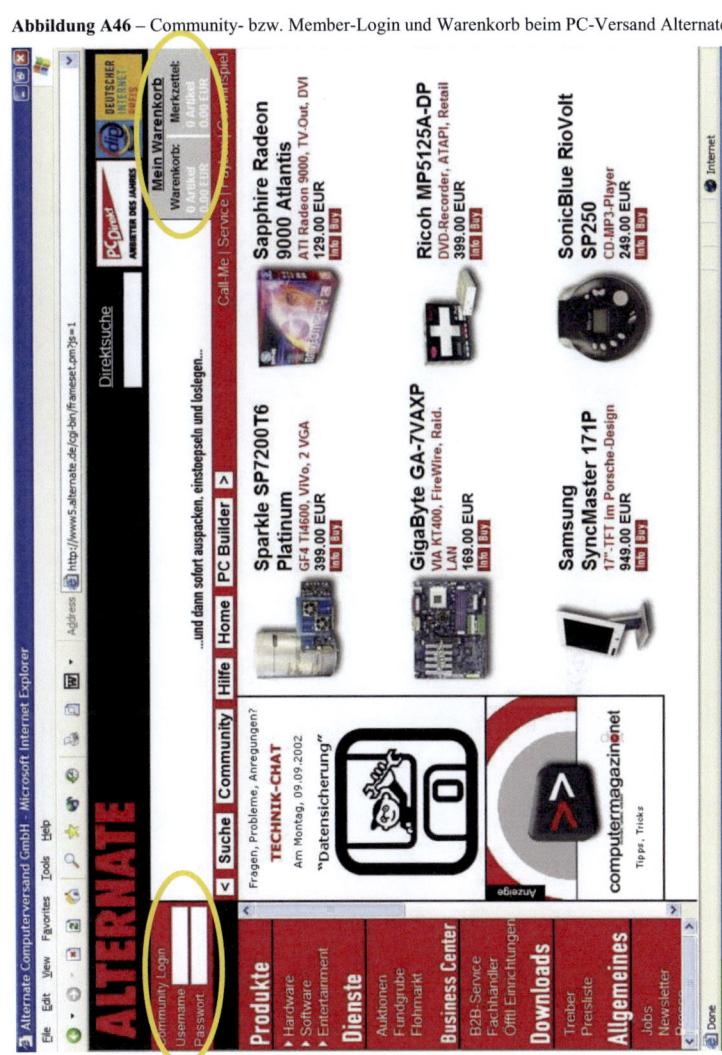

Anhang

Abbildung A47 – Hilfe-Link und auffällige Positionierung von Produktlinks bei Amazon

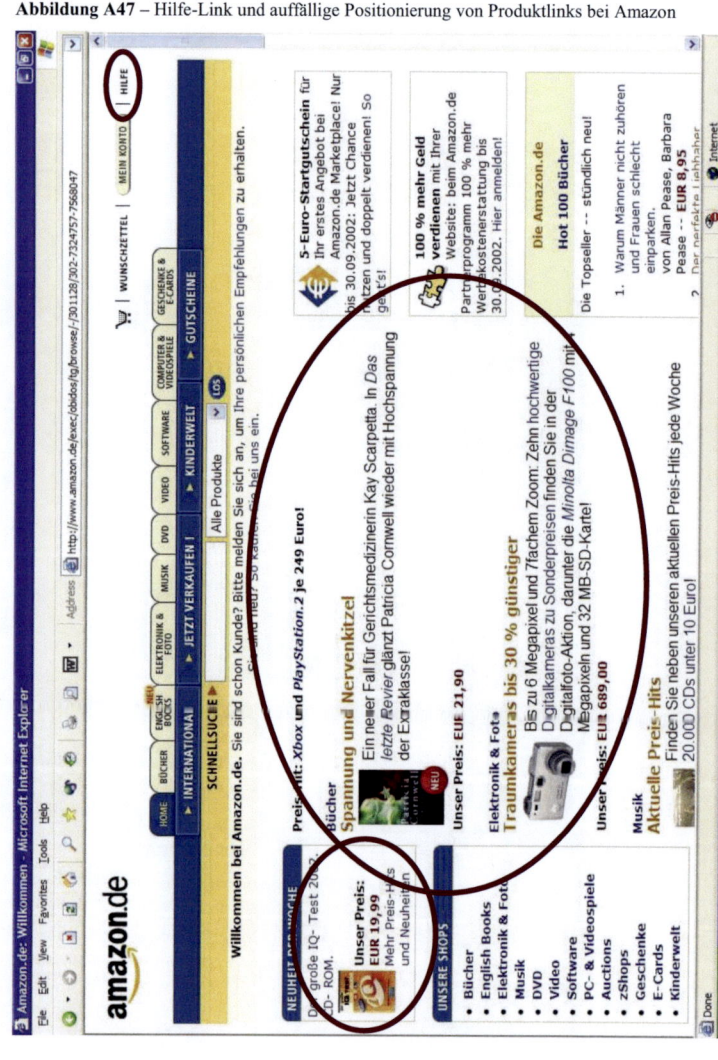

Anhang 8 – Abbildungen aus dem Textteil

Abbildung A48 – Portal für Kids in Form eines virtuellen Vergnügungsparks bei *http://www.disney.com*

205

Anhang

Abbildung A49 – '404 Page Not Found' Fehlermeldung bei Google

Anhang 8 – Abbildungen aus dem Textteil

Abbildung A50 – Fehlende 404 Seite bei Teoma

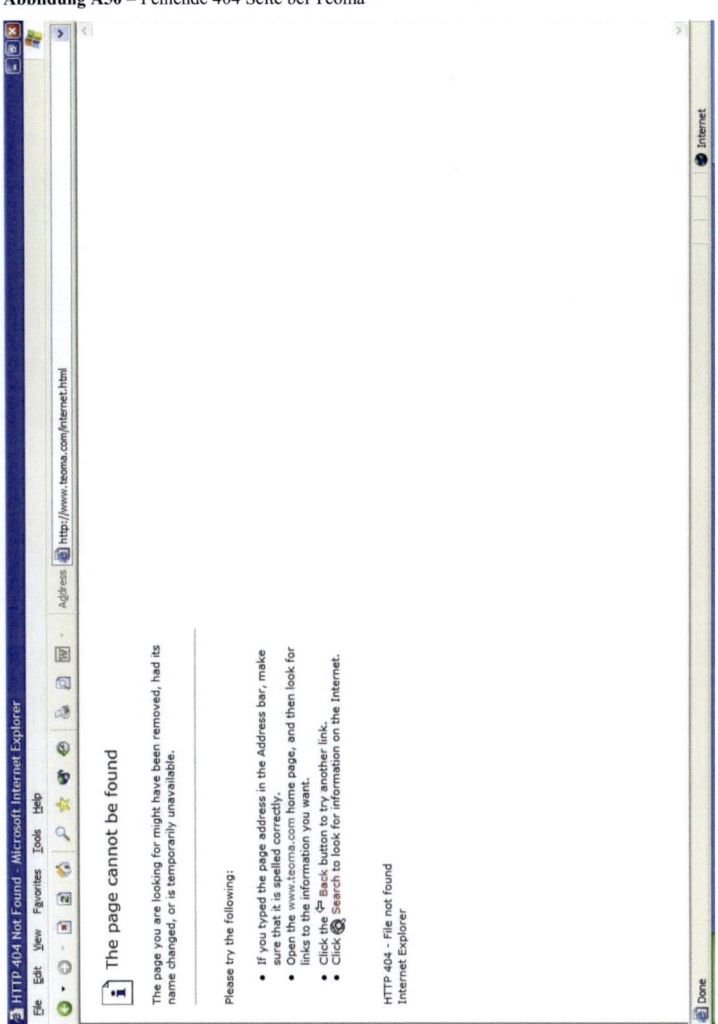

Anhang

Abbildung A51 – Verbesserung eines Tippfehlers bei einer ergebnislosen Suche auf Google

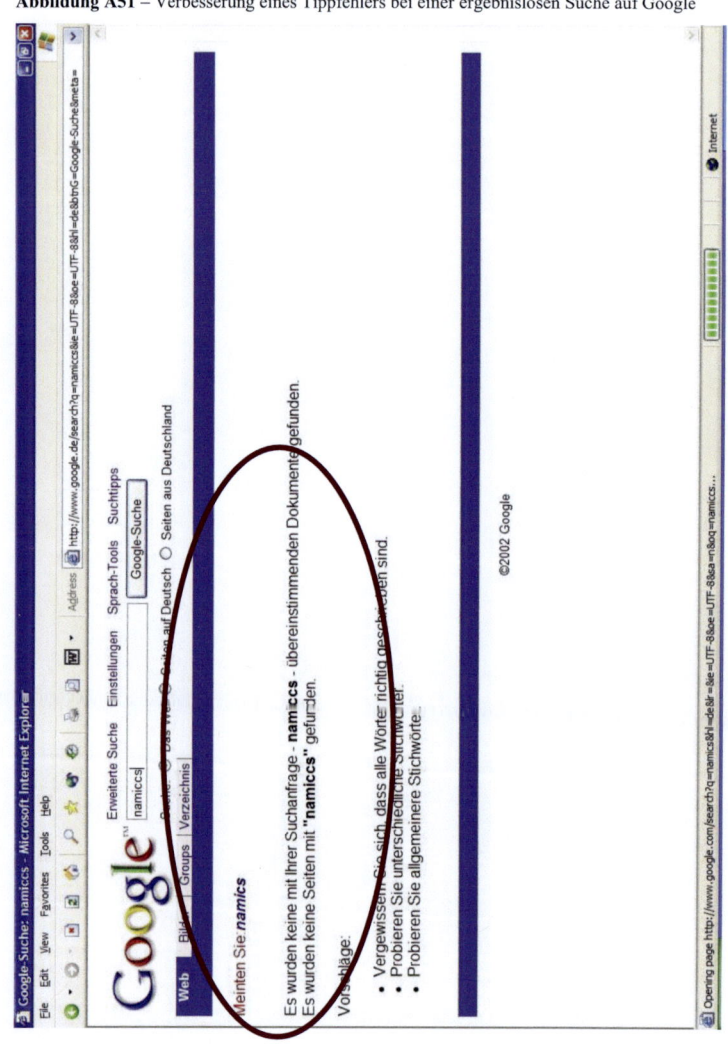

Anhang 8 – Abbildungen aus dem Textteil

Abbildung A52 – Ergebnisseite bei Google nach der Eingabe eines Tippfehlers

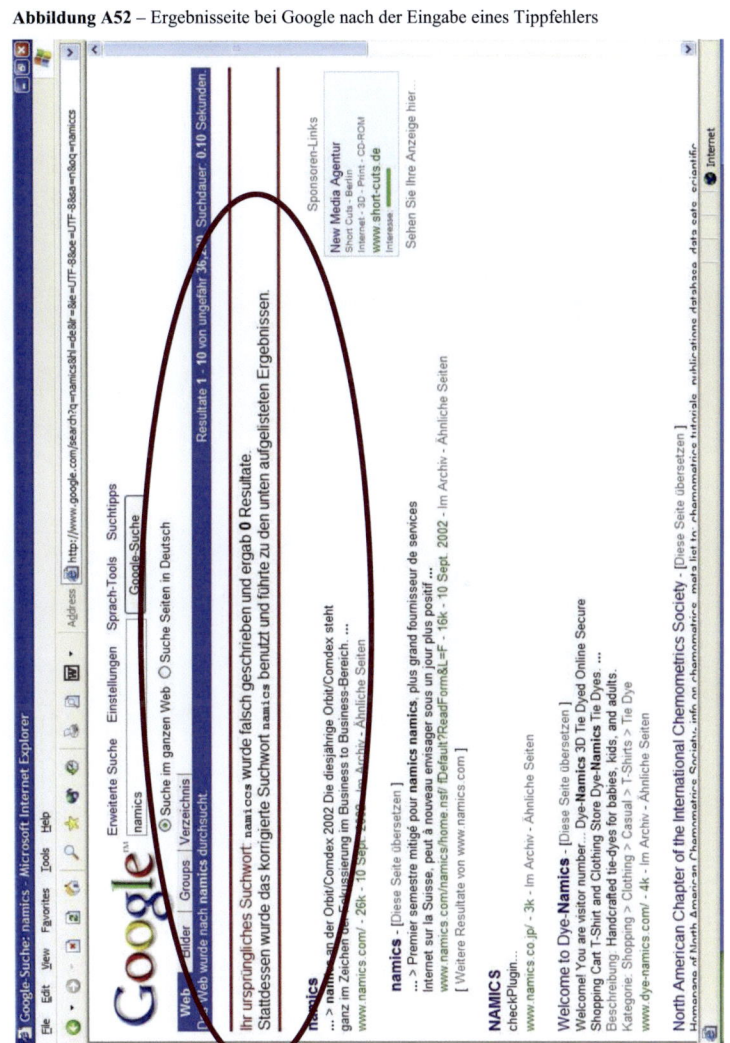

Abbildung A53 – Keine Ergebnisse bei der Suche auf Teoma

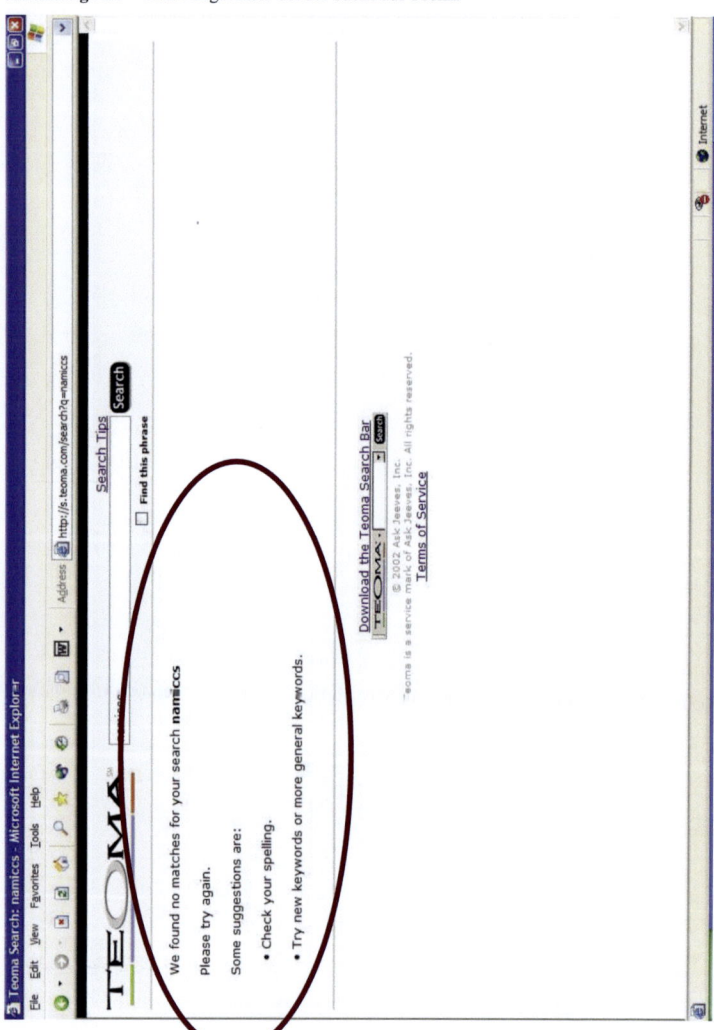

Anhang 8 – Abbildungen aus dem Textteil

Abbildung A54 – Nicht erfolgreiche Suche bei Amazon, dafür Suchbeispiele mit möglichen Ergebnissen

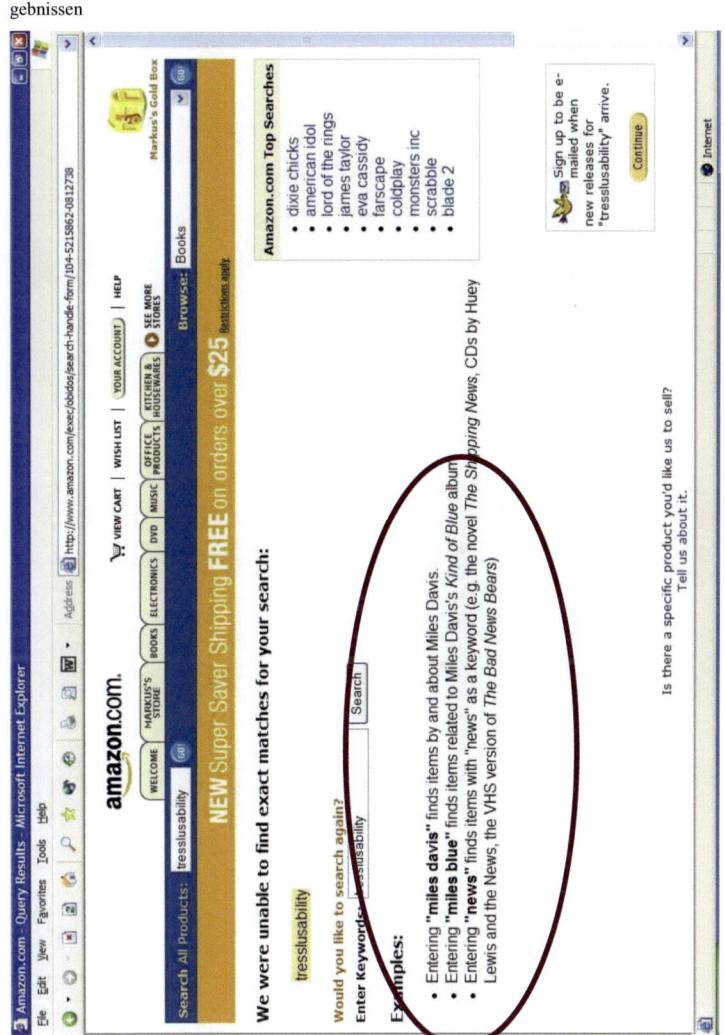

211

Anhang

Abbildung A55 – Nicht erfolgreiche Suche bei eBay, dafür Hinweise auf Erweiterte Suche

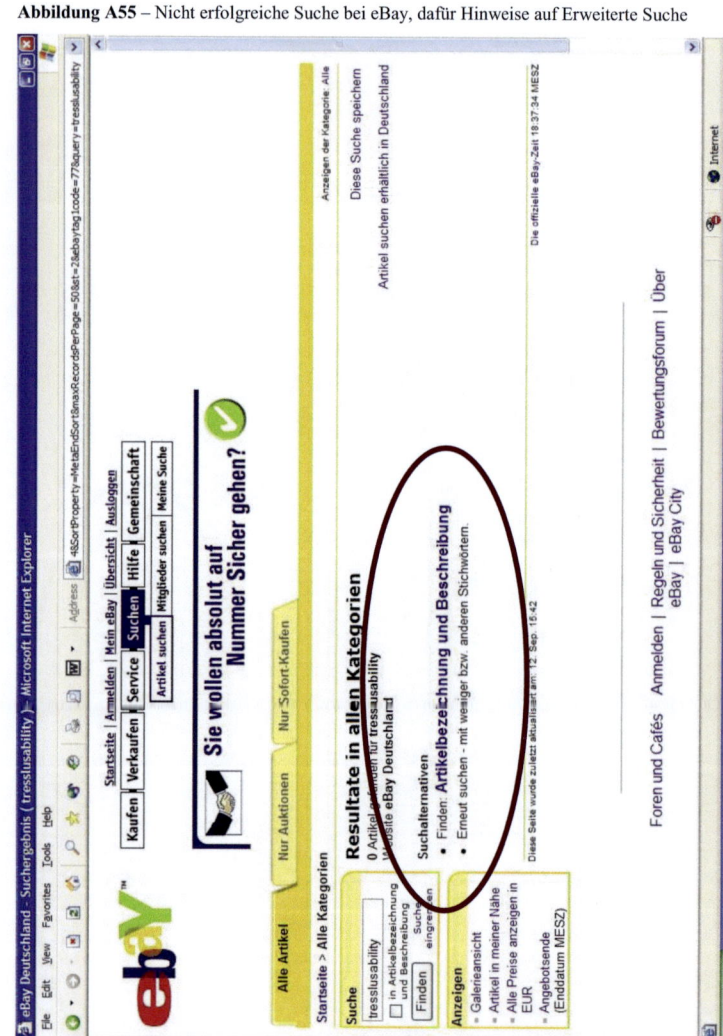

Anhang 8 – Abbildungen aus dem Textteil

Abbildung A56 – Nicht erfolgreiche Suche bei Google, dafür Hinweise auf mögliche Fehler und Suchalternativen

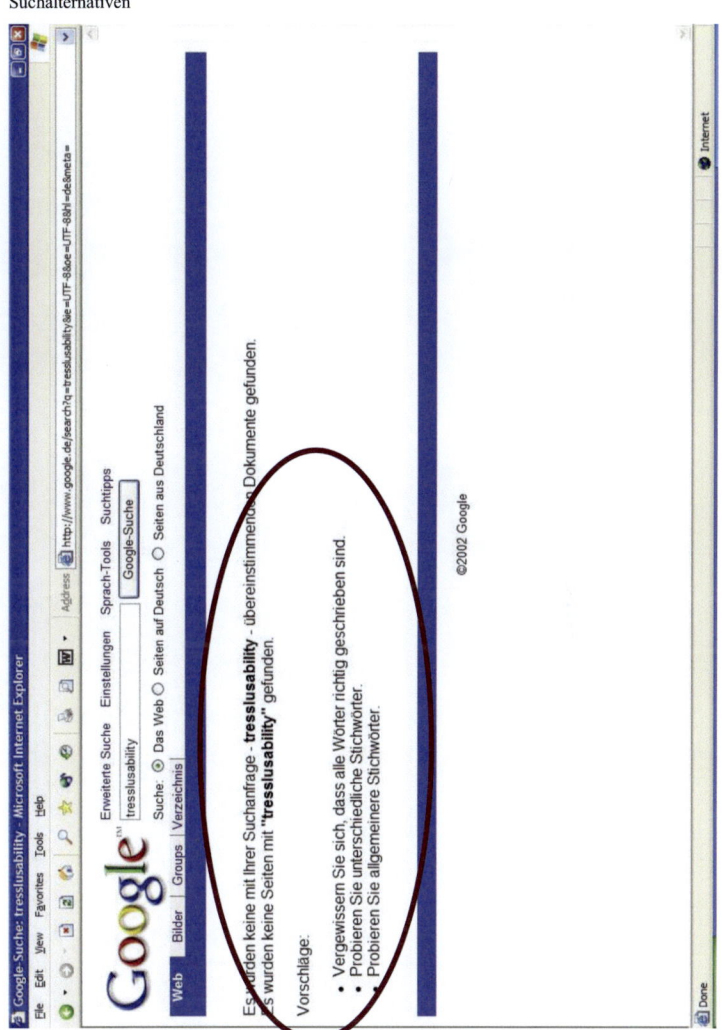

Anhang

Abbildung A57 – Eigentlich nicht erfolgreiche Suche bei Heise, Ergebnisse durch Parsen des Suchstrings

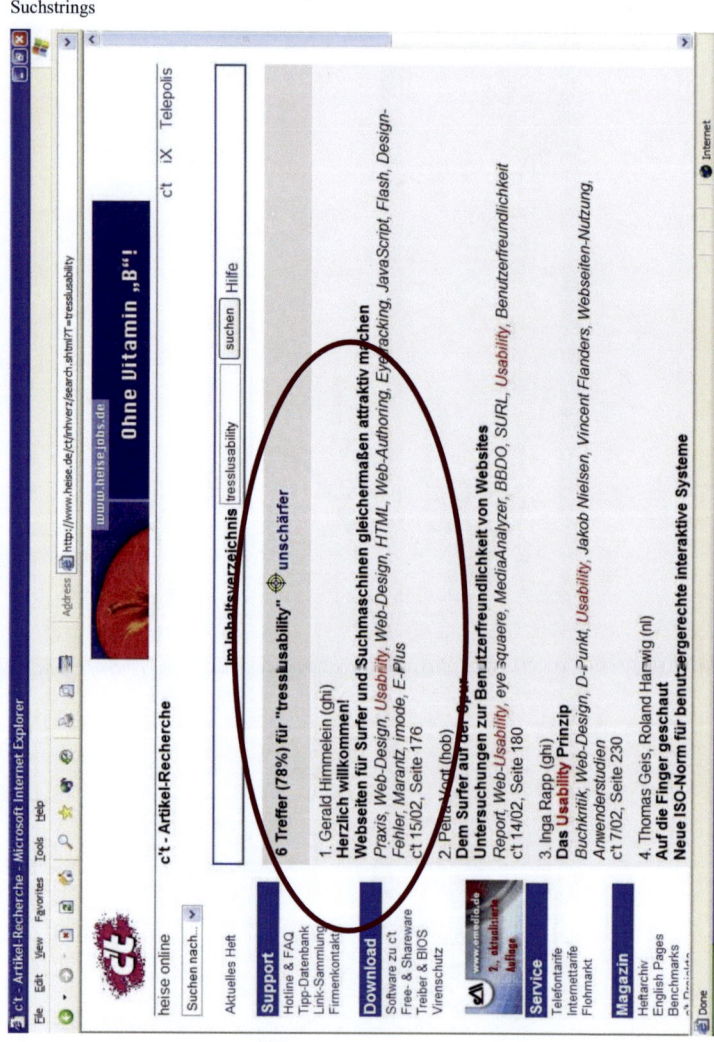

214

Anhang 8 – Abbildungen aus dem Textteil

Abbildung A58 – Nicht erfolgreiche Suche namics.com, keine Hinweise

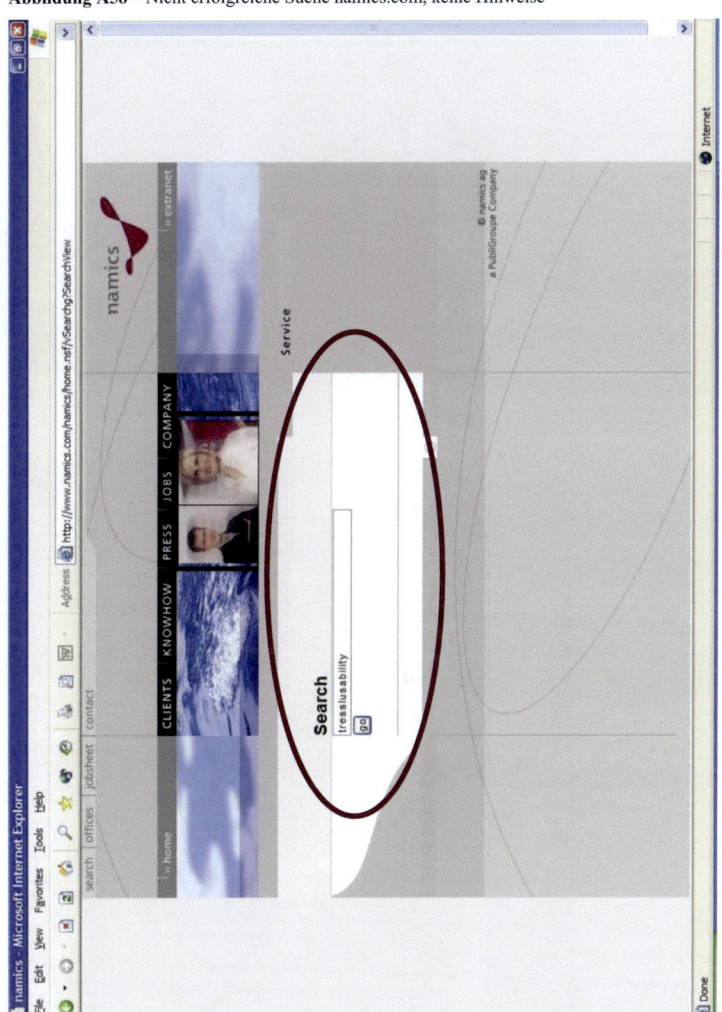

Abbildung A59 – Seitenaufteilung bei *http://europe.cnn.com*

Anhang 8 – Abbildungen aus dem Textteil

Abbildung A60 – Markierung der Bereiche Navigation, Werbung, Inhalt und Browser zur Errechnung des Screen Real Estate

Anhang

Abbildung A61 – Die Seite news.ch im Überblick

Anhang 8 – Abbildungen aus dem Textteil

Abbildung A62 – News.ch Aufteilung zur Errechnung des Screen Real Estate

Anhang

Abbildung A63 – Seitenraster von *http://www.spiegel.de*

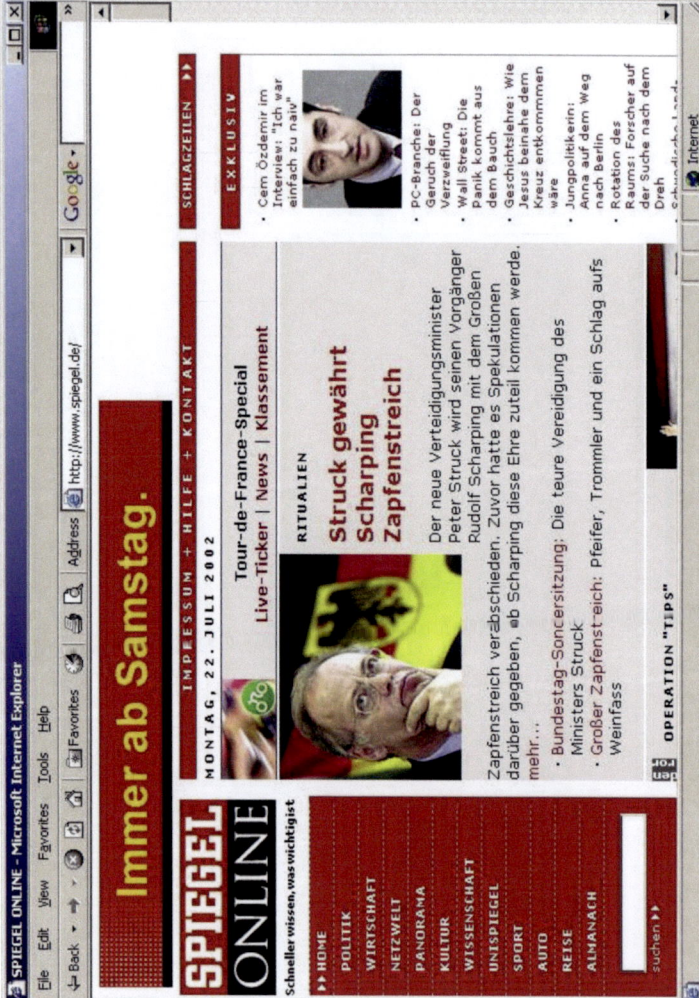

Anhang 8 – Abbildungen aus dem Textteil

Abbildung A64 – Screen Real Estate Bereiche bei Spiegel Online

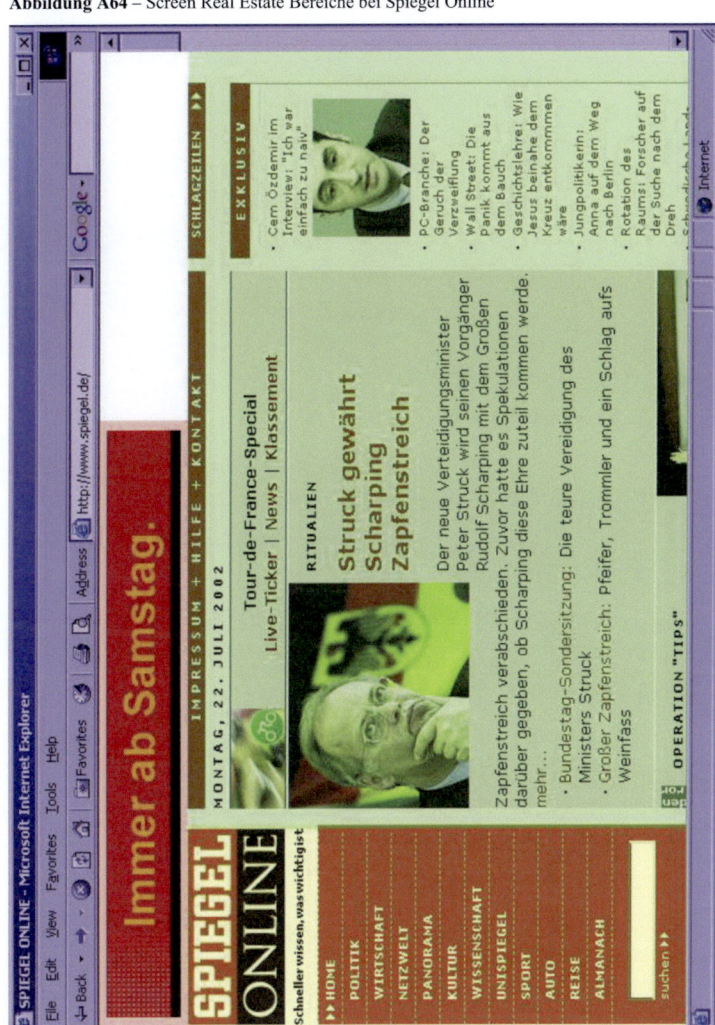

221

Anhang

Abbildung A65 – 'Look & Feel' von Google für Blinde, alle Informationen sind verfügbar

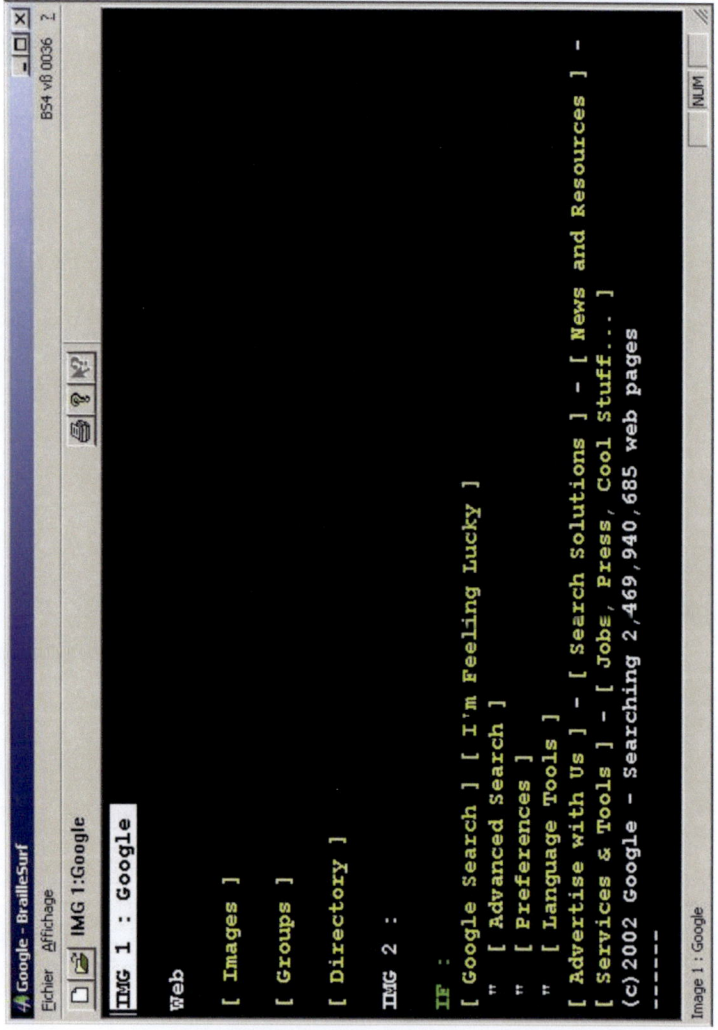

Anhang 8 – Abbildungen aus dem Textteil

Abbildung A66 – Die Webseite von namics lässt den Blinden nicht viele Informationen erfahren

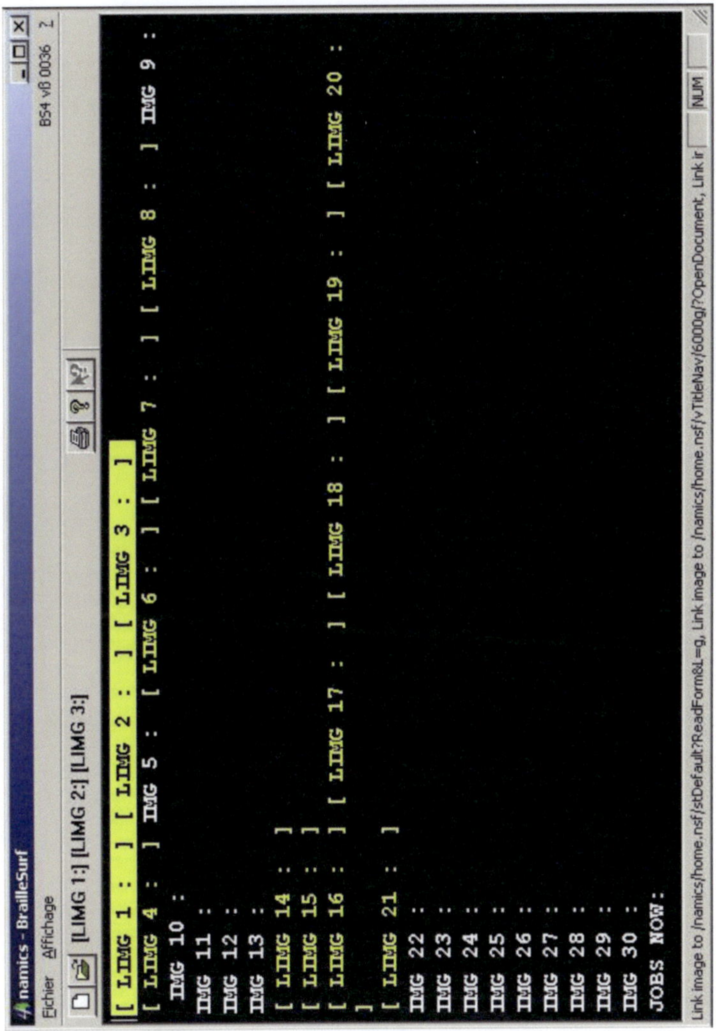

Anhang

I.9 Anhang 9 – WAI WCAG 1.0 Checkliste

Tabelle A11 – WCAG 1.0 Checkpunkte der Priorität 1 – Teil 1

Checkpunkte der Priorität 1

	Ja	Nein	N/A
Allgemein (Priorität 1)			
1.1 Stellen Sie ein Text-Äquivalent für jedes Nicht-Text-Element bereit (z.E. über "alt", "longdesc" oder im Inhalt des Elements). Dies umfasst: Bilder, grafisch dargestellten Text (einschließlich Symbole), Regionen von Imagemaps, Animationen (z.B. animierte GIFs), Applets und programmierte Objekte, ASCII-Zeichnungen, Frames, Scripts, Bilder, die als Punkte in Listen verwendet werden, Platzhalter-Grafiken, grafische Buttons, Töne (abgespielt mit oder ohne Einwirkung des Benutzers), Audio-Dateien, die für sich allein stehen, Tonspuren von Videos und Videos.			
2.1 Sorgen Sie dafür, dass die gesamte mit Farbe dargestellte Information auch ohne Farbe verfügbar ist, z.B. im Kontext oder im Markup.			
4.1 Machen Sie in klarer Weise Änderungen der natürlichen Sprache des Dokumententexts und sämtlicher Text-Äquivalente kenntlich.			
6.1 Bauen Sie Dokumente so auf, dass sie ohne Stylesheets gelesen werden können. Z.B. wenn ein HTML-Dokument ohne ihm zugeordnete Stylesheets dargestellt wird, muss es immer noch möglich sein, das Dokument zu lesen.			
6.2 Sorgen Sie dafür, dass Äquivalente für dynamischen Inhalt aktualisiert werden, wenn sich der dynamische Inhalt ändert.			
7.1 Vermeiden Sie Bildschirmflackern, bis Benutzeragenten dem Benutzer eine Kontrolle über das Flackern ermöglichen.			
14.1 Verwenden Sie für den Inhalt einer Site die klarste und einfachste Sprache, die angemessen ist.			
Und wenn Sie Bilder und Imagemaps verwenden (Priorität 1)			
1.2 Stellen Sie redundante Textlinks für jede aktive Region einer Server-seitigen Imagemap bereit.			
9.1 Stellen Sie Client-seitige anstelle von Server-seitigen Imagemaps bereit, außer wenn die Regionen mit den verfügbaren geometrischen Formen nicht definiert werden können.			

Anhang 9 – WAI WCAG 1.0 Checkliste

Tabelle A12 – WCAG 1.0 Checkpunkte der Priorität 1 – Teil 2

	Ja	Nein	N/A
Und wenn Sie Tabellen verwenden (Priorität 1)			
5.1 Kennzeichnen Sie bei Datentabellen Zeilen- und Spaltenüberschriften.			
5.2 Wenn Datentabellen zwei oder mehr logische Ebenen von Zeilen- oder Spaltenüberschriften haben, verwenden Sie Markup, um Datenzellen und Überschriftenzellen einander zuzuordnen.			
Und wenn Sie Frames verwenden (Priorität 1)			
12.1 Betiteln Sie jeden Frame, um Navigation und Identifikation zu erleichtern.			
Und wenn Sie Applets und Scripts verwenden (Priorität 1)			
6.3 Sorgen Sie dafür, dass Seiten verwendbar sind, wenn Scripts, Applets oder andere programmierte Objekte abgeschaltet sind oder nicht unterstützt werden. Ist dies nicht möglich, stellen Sie äquivalente Information auf einer alternativen zugänglichen Seite bereit.			
Und wenn Sie Multimedia verwenden (Priorität 1)			
1.3 Stellen Sie eine Audio-Beschreibung der wichtigen Information der Videospur einer Multimedia-Präsentation bereit, bis Benutzeragenten das Text-Äquivalent einer Videospur vorlesen können.			
1.4 Synchronisieren Sie für jede zeitgesteuerte Multimedia-Präsentation (z.B. Film oder Animation) äquivalente Alternativen (z.B. Untertitel oder Audio-Beschreibungen der Videospur) mit der Präsentation.			
Und wenn alles andere fehlschlägt (Priorität 1)			
11.4 Wenn Sie auch nach besten Bemühungen keine zugängliche Seite erstellen können, stellen Sie einen Link auf eine alternative Seite bereit, die W3C-Technologien verwendet, zugänglich ist, äquivalente Information (oder Funktionalität) enthält und ebenso oft aktualisiert wird wie die nicht zugängliche (originale) Seite.			

Anhang

Tabelle A13 – WCAG 1.0 Checkpunkte der Priorität 2 – Teil 1

Checkpunkte der Priorität 2

Allgemein (Priorität 2)	Ja	Nein	N/A
2.2 Sorgen Sie dafür, dass die Kombinationen aus Vordergrund- und Hintergrundfarbe ausreichend kontrastieren, wenn sie von jemandem betrachtet werden, dessen Farbensehen beeinträchtigt ist, oder wean sie mit einem Schwarzweißbildschirm betrachtet werden.			
3.1 Wenn eine angemessene Markup-Sprache existiert, verwenden Sie Markup anstelle von Bildern, um Information darzustellen.			
3.2 Erstellen Sie Dokumente, die gegen veröffentlichte formale Grammatiken validieren.			
3.3 Verwenden Sie Stylesheets, um Layout und Präsentation zu beeinflussen.			
3.4 Verwenden Sie relative anstelle von absoluten Einheiten in den Attributwerten der Markup-Sprache und Stylesheet-Property-Werten.			
3.5 Verwenden Sie Überschriften-Elemente, um die Struktur eines Dokuments darzustellen und verwenden Sie sie gemäß der Spezifikation.			
3.6 Verwenden Sie korrekten Markup für Listen und Listenelemente.			
3.7 Verwenden Sie Markup für Zitate. Verwenden Sie keinen Markup für Zitate gedacht ist, um visuelle Effekte wie Einrückung zu erzielen.			
6.5 Sorgen Sie dafür, dass dynamischer Inhalt zugänglich ist oder stellen Sie eine alternative Präsentation oder Seite bereit.			
7.2 Bis Benutzeragenten eine Kontrolle über das Blinken ermöglichen, vermeiden Sie es, Inhalt blinken zu lassen (d.h. die Präsentation regelmäßig zu ändern, z. B. ab- und einzuschalten).			
7.4 Bis Benutzeragenten es zulassen, den Refresh zu stoppen, erstellen Sie keine Seiten mit automatischer periodischer Aktualisierung.			
7.5 Bis Benutzeragenten es zulassen, die automatische Weiterleitung (Redirect) zu stoppen, verwenden Sie keinen Markup, um eine Weiterleitung zu erzielen. Konfigurieren Sie stattdessen den Server so, dass er eine Weiterleitung ausführt.			
10.1 Lassen Sie keine Pop-Ups oder andere Fenster erscheinen und wechseln Sie das aktuelle Fenster nicht, ohne den Benutzer zu informieren, bis Benutzeragenten es gestatten, die Erzeugung neuer Fenster zu unterbinden.			
11.1 Verwenden Sie W3C-Technologien, wenn sie verfügbar und der Aufgabe angemessen sind und benutzen Sie die neueste Version, wenn sie unterstützt wird.			

Anhang 9 – WAI WCAG 1.0 Checkliste

Tabelle A14 – WCAG 1.0 Checkpunkte der Priorität 2 – Teil 2

	Ja	Nein	N/A	Ja	Nein	N/A	Ja	Nein	N/A
11.2 Vermeiden Sie überholte Features von W3C-Technologien.									
12.3 Unterteilen Sie große Informationsblöcke in leichter zu handhabende Gruppen, wo angebracht.									
13.1 Identifizieren Sie das Ziel jedes Links auf klare Weise.									
13.2 Stellen Sie Metadaten bereit, um semantische Information zu Seiten und Sites hinzuzufügen.									
13.3 Stellen Sie Informationen zum allgemeinen Layout einer Site bereit (z.B. über eine Sitemap oder ein Inhaltsverzeichnis).									
13.4 Verwenden Sie Navigationsmechanismen in konsistenter Weise.									
Und wenn Sie Tabellen verwenden (Priorität 2)									
5.3 Verwenden Sie keine Tabellen für Layout, wenn diese in linearisierter Form keinen Sinn ergeben. Ansonsten, wenn die Tabelle keinen Sinn ergibt, stellen Sie ein alternatives Äquivalent bereit (das eine linearisierte Version sein kann).									
5.4 Wenn eine Tabelle für Layout verwendet wurde, verwenden Sie keinen Struktur-Markup zum Zweck der visuellen Formatierung.									
Und wenn Sie Frames verwenden (Priorität 2)									
12.2 Beschreiben Sie den Zweck von Frames und ihre Beziehung untereinander, wenn dies aus den Titeln allein nicht ersichtlich wird.									
Und wenn Sie Formulare verwenden (Priorität 2)									
10.2 Sorgen Sie bei allen Formular-Kontrollelementen mit implizit zugeordneten Beschriftungen dafür, dass die Beschriftung korrekt positioniert ist, bis Benutzeragenten eine explizite Zuordung von Beschriftung und Formular-Kontrollelement ermöglichen.									
12.4 Ordnen Sie Beschriftungen explizit ihren Kontrollelementen zu.									

Anhang

Tabelle A15 – WCAG 1.0 Checkpunkte der Priorität 2 – Teil 3

Und wenn Sie Applets und Scripts verwenden (Priorität 2)	Ja	Nein	N/A
6.4 Sorgen Sie dafür, dass die Eingabebehandlung von Scripts und Applets vom Eingabegerät unabhängig ist.			
7.3 Vermeiden Sie Bewegung in Seiten, bis Benutzeragenten das Einfrieren von Bewegung ermöglichen.			
8.1 Machen Sie programmierte Elemente wie Scripts und Applets direkt zugänglich oder kompatibel mit assistiven Technologien.			
9.2 Sorgen Sie dafür, dass jedes Element, das über seine eigene Schnittstelle verfügt, in geräteunabhängiger Weise bedient werden kann.			
9.3 Spezifizieren Sie in Scripts logische Event-Handler anstelle von geräteabhängigen Event-Handlern.			

Anhang 9 – WAI WCAG 1.0 Checkliste

Tabelle A16 – WCAG 1.0 Checkpunkte der Priorität 3 – Teil 1

Checkpunkte der Priorität 3

Allgemein (Priorität 3)	Ja	Nein	N/A
4.2 Spezifizieren Sie die Ausschreibung jeder Abkürzung und jedes Akronyms an der Stelle des ersten Auftretens.			
4.3 Machen Sie die vorherrschende natürliche Sprache des Dokuments kenntlich.			
9.4 Definieren Sie eine logische Tab-Reihenfolge für Links, Formular-Kontrollelemente und Objekte.			
9.5 Stellen Sie Tastatur-Kurzbefehle (Shortcuts) für wichtige Links (einschließlich solcher in Client-seitigen Imagemaps), Formular-Kontrollelemente und Gruppen von Formular-Kontrollelementen bereit.			
10.5 Bis Benutzeragenten (einschließlich assistiver Technologien) beieinanderliegende Links getrennt darstellen, platzieren Sie druckbare Zeichen, die nicht zu einem Link gehören, umgeben von Leerzeichen, zwischen Links.			
11.3 Stellen Sie Informationen bereit, so dass Benutzer Dokumente entsprechend ihren Vorgaben (Sprache, Typ usw.) erhalten können.			
13.5 Stellen Sie Navigationsleisten bereit, um den Navigationsmechanismus hervorzuheben und einen Zugriff darauf zu ermöglichen.			
13.6 Gruppieren Sie verwandte Links, identifizieren Sie die Gruppe (für Benutzeragenten) und ermöglichen Sie das Überspringen der Gruppe, bis Benutzeragenten dies gestatten.			
13.7 Wenn Suchfunktionen verfügbar sind, stellen Sie verschiedene Arten der Suche bereit, je nach den Fähigkeiten und Vorlieben der Benutzer.			
13.8 Platzieren Sie unterscheidungskräftige Information an den Anfang von Überschriften, Absätzen, Listen usw.			
13.9 Stellen Sie Informationen über Zusammenstellungen von Dokumenten bereit (z. B. Dokumente, die aus mehreren Seiten bestehen usw.)			
13.10 Ermöglichen Sie das Überspringen von mehrzeiligen ASCII-Zeichnungen.			
14.2 Ergänzen Sie Text mit grafischen oder Audio-Präsentationen, wo dies das Verständnis der Seite erleichtert.			
14.3 Verwenden Sie einen Präsentationsstil, der über Seiten hinweg konsistent ist.			

Anhang

Tabelle A17 – WCAG 1.0 Checkpunkte der Priorität 3 – Teil 2

	Ja	Nein	N/A
Und wenn Sie Bilder und Imagemaps verwenden (Priorität 3)			
1.5 Bis Benutzeragenten Text-Äquivalente für Client-seitige Imagemaps darstellen, stellen Sie für jede aktive Region einer Client-seitigen Imagemap einen redundanten Textlink bereit.			
Und wenn Sie Tabellen verwenden (Priorität 3)			
5.5 Stellen Sie Zusammenfassungen für Tabellen bereit.			
5.6 Stellen Sie Abkürzungen für Überschriften bereit.			
10.3 Stellen Sie eine lineare Text-Alternative für alle Tabellen bereit, die Text in parallelen Spalten mit Zeilenumbruch enthalten, bis Benutzeragenten nebeneinander angeordneten Text korrekt behandeln.			
Und wenn Sie Formulare verwenden (Priorität 3)			
10.4 Bis Benutzeragenten leere Kontrollelemente korrekt behandeln, besetzen Sie Felder mit Platzhalter-Zeichen vor.			

J Literaturverzeichnis

J.1 Bücher

Beyer, M. / v. Gizycki, V. [Hrsg.]: Usability – Nutzerfreundliches Webdesign.
Springer-Verlag, Berlin Heidelberg 2002

Burdman, J. R.: Collaborative Web Development – Strategies and Best Practices for Web Teams.
Addison Wesley Longman Inc. 1999

Grotenhoff, M. / Stylianakis, A.: Website-Konzeption – Von der Idee zum Storyboard.
Galileo Press GmbH, Bonn 2002

Hellbusch, J. E.: Barrierefreies Webdesign.
KnowWare & Bonner Presse Vertrieb, Osnabrück 2001

Kubicek, H. / u.a.: www.stadtinfo.de – Ein Leitfaden für die Entwicklung von Stadtinformationen im Internet.
Hüthing GmbH, Heidelberg 1997

Manhartsberger, M. / Musil, S.: Web Usability – Das Prinzip des Vertrauens.
Galileo Press GmbH, Bonn 2002

Nielsen, J.: Designing Web Usability – The Practice of Simplicity.
New Riders Publishing, Indianapolis 2000

Nielsen, J. / Tahir, M.: Homepage Usability – 50 Websites deconstucted.
New Riders Publishing, Indianapolis 2002

Literaturverzeichnis

Paciello, M. G.: Web Accessibility for People with Disabilities.
CMP Books, Lawrence 2000

Slocombe, M.: Max Hits, Building and Promoting Successful Websites.
Rotovision Books, East Sussex 2002

Stephanidis, C. [Hrsg.]: User Interfaces for All: Concepts, Methods, and Tools.
Lawrence Erlbaum Associates, Mahwah 2001

Stocksmeier, T.: Business Webdesign – Benutzerfreundlichkeit, Konzeptionierung, Technik, Wartung.
Springer-Verlag, Berlin Heidelberg 2002

Thatcher, J. / u.a.: Constructing Accessible Web Sites.
glasshaus, Birmingham 2002

Wurman, R. S.: Information Anxiety 2.
QUE Corporation, Indianapolis 2001

Zeldman, J.: Taking your Talent to the Web – A Guide for the Transitioning Designer.
New Riders Publishing, Indianapolis 2001

J.2 Zeitschriften

Himmelein, G.: Herzlich willkommen! – Webseiten für Surfer und Suchmaschinen gleichermaßen attraktiv machen.
c't 15/2002, Seite 176

Klein, P.: Blick aufs Meer – Rechtsverordnung für barrierefreie Informationstechnik.
iX 10/2002, Seite 72

Meyer, A.: Ausgebremst – Behindertengerechte Informationstechnik wird Gesetz – mit Abstrichen.
c't 25/2001, Seite 59

Schub von Bossiazky, Prof. Dr. G.: Nutzer lesen schnell und oberflächlich.
message 04/2000, Seite 104

Shneiderman, B.: Pushing human-computer interaction research to empower every citizen – Universal Usability.
Communications of the ACM 05/2000, Vol. 43, No. 5, Seite 85

Stiller, A.: Des PDFs Kern – Vom Zugang zu Adobes PDF – für Sehende und Blinde.
c't 18/2001, Seite 188

Vogt, P.: Dem Surfer auf der Spur – Untersuchungen zur Benutzerfreundlichkeit von Websites.
c't 14/2002, Seite 180

Vogt, P.: Designertricks – Tips zur besseren Gestaltung von Websites.
c't 13/1997, Seite 246

Sokolowsky, K.: Der gläserne Surfer – Internet-Labor stellt Websites auf den Prüfstand.
online today 11/2000, Seite 54

Literaturverzeichnis

J.3 Whitepapers

Duda, S. / Hess, J. M. / Schiessl, M.: Mobile Usability – Mobile Datendienste. *eye square & Mobile Economy, 2002*

Regieren in der Informationsgesellschaft – eGovernment Strategie des Bundes. *Informatikstrategieorgan Bund (ISB), 02/2002*

frontend.com: Accessibility & Usability for eGovernment. *frontend.com, 11/2000*

J.4 Sonstige Quellen und Verweise

Web Grafiken und Farbfehlsichtigkeit:

http://129.27.179.6:8000/quanten/farbsicher.html

ABC News Digital Divide:

http://abcnews.go.com/sections/us/DailyNews/digitaldivide000722.html

Behindertenstatistik USA:

http://codi.buffalo.edu/graph_based/.demographics/.statistics

EU eEurope Initiative:

http://europa.eu.int/comm/employment_social/general/news/001207_7_de.htm
http://europa.eu.int/information_society/eeurope/benchmarking/indicator_list.pdf

Usability Methods Toolbox:

http://jthom.best.vwh.net/usability

Software Usability Research Lab:

http://psychology.wichita.edu/surl

Stadien des eGovernment:

http://www.access-egov.info/egov.cfm?id=politics&xid=MN
http://www.access-egov.info/eGov.cfm?id=technology&xid=MN

ACM Constitution:

http://www.acm.org/constitution/code.html

Sonstige Quellen und Verweise

BehiG Schweiz:

http://www.agile.ch/Pages/d/dok_6gruende.htm

BITV Deutschland:

http://www.barrierefreies-webdesign.de/download/BITV.rtf

Internet Digital Divide:

http://news.bbc.co.uk/1/hi/special_report/1999/10/99/information_rich_information_poor/472621.stm

eGovernment Studie UCLA:

http://www.ccp.ucla.edu/pages/InternetStudy.asp

US Census Daten:

http://www.census.gov/hhes/www/disable/sipp/disab97/asc97.html

Internethürden in Kanada:

http://www.cio-dpi.gc.ca/ig-gi/index_e.asp

Computer Weekly über Teoma:

http://www.cw360.com/article&rd=&i=&ard=113636&fv=1

Section 508 Historie:

http://www.dpg-law.com/liability/WebPage_Law/Legal/508/history.shtml

Farben und ihre kulturelle Bedeutung:

http://www.farben.com/wocdata/cont01/wissen.html

Behindertenwissen Deutschland:

http://www.hamburg.de/Behoerden/BAGS/veroeffentlichungen/Behindertenratgeber.rtf

Behindertenzahlen:

http://www.helpinghands4theblind.com/

Behindertenstatistiken:

http://www.las-cruces.org/Administration/ada/

Australian Standards for Accessible Web Design:

http://www.lawlink.nsw.gov.au/lawlink.nsf/pages/aus_standards

BehiG Schweiz Historie:

http://www.lernwelten.ch/01handicapx/04/polit.htm

Literaturverzeichnis

Medizinisches Wörterbuch, Farbenblindheit:

http://www.m-ww.de/krankheiten/augenkrankheiten/farbsehstoerungen.html

Nielsen Norman Group:

http://www.nngroup.com/reports/kids/
http://www.nngroup.com/reports/seniors

Internet Digital Divide:

http://www.oecd.org/oecd/pages/documentredirection?paramID=2435&language=EN&col=OECDDCoreLive

Aufbau Behindertenstatistik Schweiz:

http://www.parlament.ch/afs/data/d/gesch/1997/d_gesch_19973393.htm

Schwerbehindertenstatistik:

http://www.schwerhoerigen-netz.de/schwerbehindertenstatistik.htm

Section 508 Informationen:

http://www.section508.gov/index.cfm?FuseAction=Content&ID=12
http://www.section508.gov/index.cfm?FuseAction=Content&ID=14

Top 25 eGovernment:

http://www.smartwinnipeg.mb.ca/Newsletters/Issue1_3.htm

Statistisches Bundesamt Deutschland:

http://www.statistik-bund.de/

The 24/7 Agency – Stadien des eGovernment:

http://www.statskontoret.se/pdf/200041.pdf

Private Public Partnership:

http://www.tradepartners.gov.uk/public_private_partnership/private_finance_initiative

eGovernment Stadien:

http://www.unpan.org/e-government/stages.htm

Americans with Disabilities Act:

http://www.usdoj.gov/crt/ada/adahom1.htm

Useit.com Alertbox:

http://www.useit.com/alertbox/20020414.html
http://www.useit.com/alertbox/20020428.html
http://www.useit.com/alertbox/980503.html

Sonstige Quellen und Verweise

eGovernment Wettbewerb 2001 Preisträger:

http://www.verwaltung-der-zukunft.de/preistraeger.htm

World Wide Web Consortium:

http://www.w3.org/TR/REC-rdf-syntax
http://www.w3.org/TR/REC-xml
http://www.w3.org/TR/WAI-WEBCONTENT
http://www.w3.org/TR/WAI-WEBCONTENT
http://www.w3.org/TR/xhtml1
http://www.w3.org/WAI/bcase/benefits.html
http://www.w3.org/WAI/WCAG1-Conformance.html.en

Blindenstatistiken:

http://www.webaim.org/intro/intro3

IBM Behindertenforschung:

http://www-3.ibm.com/able/accessweb.html
http://www-3.ibm.com/able/hpr.html
http://www-3.ibm.com/able/reasons.html

Weitere Studien zum Thema „Universelle Benutzbarkeit und Barrierefreiheit bei Webseiten der breiten Masse und der öffentlichen Hand – Grundlagen, Erklärungen und Lösungswege zur Erstellung von behindertengerechten, gesetzeskonformen Webangeboten"

Diese und weitere Studien aus dem Bereich Wirtschaftsinformatik/Informatik und Electronic Government finden Sie im Online-Katalog unter www.diplom.de:

Personalisierungssysteme für Chipkarten
B. Martin / Österreich / 2002 / 220 Seiten / 198,00 EUR / Best.-Nr. 5964

Identifizierung und Rekonstruktion eines allgemeinen Schemas für Web-Content-Management-Systeme
T. Goßler / Erlangen-Nürnberg / 2002 / 85 Seiten / 198,00 EUR / Best.-Nr. 6437

Entwicklung einer kulturspezifischen Lernplattform im Internet
C. Böhler / Potsdam / 2002 / 83 Seiten / 148,00 EUR / Best.-Nr. 5969

Anforderungsanalyse für den erfolgreichen Launch von Websites
L. Dausmann / München / 2002 / 140 Seiten / 198,00 EUR / Best.-Nr. 5613

Internet-Nutzung und Angst vor Anonymitätsverlust
Eine empirische Studie
C. Hammer / Augsburg / 2001 / 111 Seiten / 248,00 EUR / Best.-Nr. 4707

E-Government und Behördenportale
www.bund.de im internationalen Vergleich
K. Wahl / Hamburg / 2002 / 105 Seiten / 198,00 EUR / Best.-Nr. 5982

CRM-Systeme in der öffentlichen Verwaltung
Eine Analyse der Einsatzpotentiale zur Verbesserung der Kundenorientierung mit Schwerpunkt A2B
M. Petry / Saarbrücken / 2002 / 115 Seiten / 198,00 EUR / Best.-Nr. 5993

Das Portal der Zukunft
Untersuchung der Weiterentwicklung und Annäherung der Portal-Geschäftsmodelle in privater Wirtschaft und öffentlicher Verwaltung
A. Michligk / Berlin/ 2001 / 81 Seiten / 198,00 EUR / Best.-Nr. 4621

Aussagekräftige Inhaltsangaben und Inhaltsverzeichnisse zu den Studien können kostenlos und unverbindlich unter www.diplom.de eingesehen werden. Zu den oben genannten Preisen stehen die Studien direkt unter www.diplom.de als Download zur Verfügung.

Die Studien können auch gegen 5,00 EUR Aufschlag als Printausgabe oder auf CD-ROM online unter www.diplom.de oder per Fax unter 040 / 6 55 99 222 bestellt werden. Die Versandkosten werden mit 5,00 EUR in Rechnung gestellt.

Studierende erhalten auf den Preis vieler Studien eine Ermäßigung von 50 %.

Studien 2002

In der Reihe Studien 2002 sind im Buchhandel zudem erschienen:

Afrikanischer Tanz
Zu den Möglichkeiten und Grenzen in der deutschen Tanzpädagogik
S. Hubrig / Bremen / 2002 / 100 Seiten / 39,50 EUR / ISBN 3-8324-5550-7

Hochbegabte Kinder in Kindertagesstätte und Grundschule
Verkannt und vernachlässigt, umworben und gefördert
Y. Kossmann / Koblenz-Landau / 2002 / 168 Seiten / 39,50 EUR / ISBN 3-8324-5551-5

Reichweiten und Grenzen von E-Recruitment
Eine kritische Analyse unter besonderer Berücksichtigung von eignungsdiagnostischen Online-Verfahren und deren Akzeptanz am Markt
K. Golembowski / Köln / 2002 / 256 Seiten / 39,50 EUR / ISBN 3-8324-5567-1

Electronic Government und Verwaltungsmodernisierung
Beziehungen, Potenziale und Probleme dargestellt am Beispiel von BAFöG online
A. Heinz / Potsdam / 2002 / 148 Seiten / 39,50 EUR / ISBN 3-8324-5686-4

Geschäftsmodelle des M-Business
Ausgerichtet auf die Zielgruppe der Geschäftsleute
H. Ahlke / Dortmund / 2002 / 152 Seiten / 39,50 EUR / ISBN 3-8324-6168-X

Sportrechte-Vermarkter im Fußball
Geldgeber und Einflußnehmer?
T. Holzapfel / Göttingen / 2002 / 184 Seiten / 39,50 EUR / ISBN 3-8324-6230-9

Aufstieg und Fall des Kirch-Konzerns
Eine medienökonomische Analyse
M. Preiß / Dortmund / 2002 / 170 Seiten / 39,50 EUR / ISBN 3-8324-6355-0

Best Ager
Anforderungen an die Produkt- und Kommunikationspolitik von Unternehmen
K. Zaroba / Wiesbaden / 2002 / 119 Seiten / 39,50 EUR / ISBN 3-8324-6656-8

Universelle Benutzbarkeit und Barrierefreiheit bei Webseiten der breiten Masse und der uröffentlichen Hand
Grundlagen, Erklärungen und Lösungswege z Erstellung von behindertengerechten, gesetzeskonformen Webangeboten
M. Tressl / Konstanz / 2002 / 266 Seiten / 39,50 EUR / ISBN 3-8324-6655-X

Sozialkompetenz
Entwirren des Begriffsdschungels
K. Rost / Karlsruhe / 2002 / 221 Seiten / 39,50 EUR / ISBN 3-8324-6654-1